CODIFICACIÓN CON PYTHON

Una guía introductoria para que los principiantes aprendan y comiencen a codificar con Python

CHRISTOPHER WILKINSON

Tabla de Contenidos

Introducción

Vivimos en un mundo digital, donde la tecnología se ha convertido en la característica más importante en nuestra vida cotidiana. Y no estamos hablando sólo de la rueda. Dondequiera que mires, estás rodeado por un ecosistema digital que te atrae, te mantiene firme y cambia tu vida para siempre. Ya sea que esté chateando en su teléfono, jugando un juego o enviando un correo electrónico importante a sus clientes, la malla de software y hardware se ha convertido en una parte integral de nuestra existencia.

Uno de los avances más destacados radica en cómo integramos el mundo digital en todo lo que hacemos. Su teléfono se ha convertido en una sola parada para todos. Sus listas de compras y gestión financiera se pueden hacer fácilmente con algunas aplicaciones. El entretenimiento se está alejando lentamente de disparar aros con los chicos a jugar al tenis en su consola de juegos. La ansiedad social se está resolviendo a través de la mensajería instantánea. Los equipos trabajan juntos en línea, ya no se sostienen por la necesidad de un espacio de trabajo físico. Lo que quieras comprar se puede entregar directamente a tu puerta después de navegar por un catálogo en línea. Y si estás atascado para obtener información, tienes el práctico navegador web que te bombardeará con todo lo que necesitas y no lo haces.

Es un mundo nuevo y valiente, y todo está cambiando a un ritmo radicalmente rápido. Hacemos todo lo posible para mantenernos al día, por supuesto, y hacemos todo lo posible para ser parte de esta nueva frontera. Para ello, debemos entender que todo lo que este mundo digital tiene para ofrecer se puede desglosar en una sola palabra: CODE.

Sí, el código. No, esto no es un escenario de píldora azul/ píldora roja, y usted no está atrapado en alguna versión deformada de la matriz (o ¿verdad?). La verdad del asunto es que todo lo que nos rodea, todo lo que usamos para pasar nuestros días, se basa en un conjunto aparentemente complejo de reglas y números. Tus aplicaciones, tu navegador, los juegos que juegas. Cuando los desglosas, todos son una infinidad de códigos agrupados para darte el producto final que usas.

¿Y quién no querría ser parte de eso? ¿A quién no le encantaría ser arquitecto de su propio rincón de este universo digital? Créenos cuando te decimos que no es tan difícil como crees. Todo lo que realmente necesita hacer es conocer el idioma y sus complejidades, y luego empezar a construir.

Cuando se trata de lenguaje, este es uno de los libros más útiles que puedes tener en tu arsenal de conocimiento. Te llevará, paso a paso, por el camino de cómo codificar, y lo más importante, pensar como un programador. Vamos a utilizar Python 3.7.4, que es la última versión en el momento de la versión. Todo lo que necesita hacer es conseguir una buena taza de café (o té, si esa es su preferencia), una computadora y una conexión a Internet. Sigue los pasos que describiremos aquí, y en poco tiempo, impresionarás a tu jefe, amigos y familiares. Te sentirás como un Dios en la tierra 'digital'.

¡Alerta de Spoiler! Una vez que la gente empiece a ver el tipo de magia que puedes hacer, los favores no dejarán de atormentarte. El único consejo que podemos darte es no revelar tus superpoderes a cualquiera. Si tiene un alias, este es el momento de usarlo.

Este libro cubre todas las cosas pequeñas, así, como instalar Python correctamente e instalar un editor adecuado. Puede obtener información sobre los conceptos básicos de programación que se utilizan con todos los lenguajes de programación, como tipos de datos, operaciones aritméticas y bucles. Más adelante en el libro, aprenderá acerca de las funciones y cómo crear abstracciones en el código. Además, conceptos como ámbitos locales frente a globales, control de excepciones y cómo comentar y documentar correctamente el código se harán mucho más claros. Más profundamente en el agujero del conejo, aprenderás a manipular archivos Excel y PDF que automatizan un proceso extremadamente tedioso. Imagine tener la capacidad de agregar o eliminar una determinada fila o celda de Excel en cientos de archivos en cuestión de segundos. También podrás añadir marcas de agua a todos los archivos PDF que hayas guardado en el archivo.

¿Para quién es este libro?

Este libro está diseñado para el principiante absoluto; el desvalido que estamos arraigando y sabemos que eventualmente saldrá en la cima. Vamos a ir a través de todo poco a poco, en tantos detalles como sea posible, por lo que puede estar seguro de que sus primeros pasos por este viaje supuestamente aterrador se sienten como un paseo por el parque. También hemos añadido ilustraciones, imágenes y un montón de código para que usted pueda explorar. Por lo tanto, si usted no tiene ningún fondo de programación, entonces eso es realmente genial. Elegir comenzar con Python como un idioma es una gran opción.

En principio, para ser fluido en un lenguaje como Python, le tomaría dos a tres meses de codificación durante un par de horas al día. Si planeas usar lo que has aprendido y aplicarlo a una carrera, necesitarás aprender especializaciones más avanzadas. Eso normalmente toma un año, si codificas de dos a tres horas al día. Ya que estás aquí y leyendo esto, asumimos que tienes una intención específica en mente de por qué quieres aprender este idioma. Sea lo que sea, le aseguramos que una vez que comience, su viaje educativo sólo mejorará y puede terminar haciendo mucho más con el lenguaje de lo que pensaba que podría.

Haznos un favor y trata de no apoderarte del mundo.

¿Qué es la programación?

En resumen, la programación es el acto de escribir un programa con una secuencia de declaraciones y procedimientos que son interpretados por un ordenador. En términos simples, la programación es el acto de crear programas. Para crear programas, es necesario tener una secuencia de ideas que van a ser interpretadas por el ordenador.

Supongamos que desea crear un programa que será capaz de añadir dos números. La secuencia normal en la que un programador pensaría es la siguiente:

i. Necesitamos un lugar para almacenar el primer número

ii. Necesitamos un lugar para almacenar el segundo número

iii. Necesitamos un lugar para almacenar la suma

iv. Tenemos que hacer saber al ordenador que queremos agregar los números y almacenarlos en el "lugar" resultante.

4

Aunque pueda parecer que se trata de una tarea sencilla y puede sentirse como 'sobre-ingeniería', realmente no lo es. Cuando se construye un programa, siempre debe tener en cuenta el panorama general y la gran idea. Una de esas ideas es la escalabilidad. Esto se puede mostrar fácilmente cuando hablamos de los años que conducen al milenio cuando hubo un gran bombo en el mundo de la computación.

A principios de los noventa, se hablaba del error del milenio en todas las empresas que operaban computadoras. Este era un error inherente en los ordenadores que no podía calcular fechas más allá del año 1999. Nadie sabe realmente por qué es eso. Tal vez quien creó el software nunca pensó que llegaríamos a través del milenio - nadie sabe realmente. El problema se solucionó con algunos paquetes de software y millones gastados en hardware nuevo. Entonces la idea de la escalabilidad se materializó. Ha sido uno de los ingredientes principales para la supervivencia de las empresas y el software. ¿Te imaginas si Microsoft tuviera que reescribir todo el código de Windows cada vez que lanzara una nueva actualización?

La moraleja de esta historia es simple: cada vez que construyas algo, especialmente un programa, ten en cuenta su escalabilidad. ¿Qué pasa si un millón de usuarios deciden usar tu aplicación mañana? ¿Está listo para eso? Definitivamente no es necesario crear una aplicación para un millón de personas, pero sin duda debe tener la estructura adecuada que puede apoyarlo.

¿Por qué Python?

Hay muchos lenguajes de programación por ahí, y puede haber más maneras de clasificarlos que hay idiomas. Es posible que haya oído hablar de programación orientada a objetos, o scripting, procedimiento, etc. Este libro adopta un enfoque muy centrado en los objetivos de las cosas, por lo que clasificaremos los idiomas de acuerdo con el dominio o contexto del problema.

i. Idiomas del sistema

ii. Idiomas arquitectónicos

iii. Idiomas de aplicación

Los lenguajes del sistema son los más adecuados para escribir sistemas operativos, por ejemplo, C, C++ o ensamblador. Estos idiomas han existido durante mucho tiempo y todavía resultan ser útiles. Los lenguajes arquitectónicos se utilizan para crear marcos que facilitan la creación de aplicaciones. Proporcionan un alto nivel de abstracción, lo que facilita al programador. Sin embargo, son más lentos que los idiomas del sistema cuando se ejecutan. Un par de estos lenguajes pueden ser C (C Sharp) o Java. Por último, los lenguajes de aplicación se utilizan normalmente para crear las aplicaciones empresariales reales. Cada vez que la empresa tiene una aplicación web, como una tienda o la creación de diferentes pantallas para los usuarios, normalmente tienen aplicaciones que se conectan con bases de datos y ejecutan las características a través de ella. Algunos ejemplos de esto serían Perl, PHP y ruby.

Python se consideraría un lenguaje de aplicación. Sin embargo, hace lo que los lenguajes arquitectónicos son capaces de hacer. Lo más importante es que la sintaxis de Python - la forma en que se escribe el código - es mucho más simple que los otros lenguajes arquitectónicos y de aplicaciones.

Una de las principales razones por las que Python es una buena opción es el hecho de que el lenguaje es fácil de leer y mantener. A diferencia de otros lenguajes, Python hace hincapié en ser ordenado y permite el uso de términos en inglés. Este enfoque de legibilidad y código limpio le ayuda a actualizar y escalar los proyectos que utiliza sin pasar por las pesadillas de sintaxis que obtiene con otros lenguajes de programación.

Python admite diferentes paradigmas de programación. Las características le ayudarán a crear aplicaciones complejas. Para empezar, este lenguaje es totalmente capaz de integrar la programación orientada y estructural. También hay un montón de funcionalidad y aspectos relacionados con la programación funcional y orientada a los aspectos.

Tal vez una de las razones más importantes que hace que Python sea grande es el hecho de que es compatible con los principales sistemas y plataformas. En esencia, puede compilar el código y ejecutarlo como está en diferentes plataformas, una característica que es la envidia de muchos otros lenguajes. También significa que si usted, como programador, decide hacer el cambio de Windows a Mac, Linux o viceversa, no tiene que preocuparse demasiado por adaptarse.

A pesar de que este lenguaje se considera joven, las bibliotecas disponibles son inmensas y robustas. Especialmente cuando se utilizan módulos, se dará cuenta de que muchos de los disponibles en la biblioteca hacen la mayor parte de su código por usted. Desde aplicaciones web hasta interfaces de sistema operativo, Python es el lugar al que ir. Los módulos que puede descargar pueden ser muy específicos para el análisis de datos o redes neuronales.

Otro de nuestros favoritos es el hecho de que es de código abierto y viene con una variedad de herramientas e IDE que están allí de forma gratuita. Puede elegir y elegir el compilador que desee junto con los módulos sin tener que pagar un centavo.

Así que, abrochemos el cinturón y empecemos. Hoy te unes al mundo de los poderes magos usando nada más que una computadora y este libro.

Capítulo 1

Instalación de Python

Una de las primeras cosas que tenemos que hacer es instalar Python en el ordenador. Hay algunas maneras de instalar Python. Sin embargo, hoy vamos a instalarlo en el mismo equipo que va a utilizar para la codificación. Sólo tiene que seguir las instrucciones de acuerdo con el sistema operativo que está utilizando en su ordenador.

Para obtener Python, debe descargarlo desde el sitio web oficial de Python Software Fundacion que está http://www.Python.org/downloads/. Encontrará muchas versiones disponibles para su descarga. Vamos a utilizar la versión 3.7.4, y se recomienda utilizar la misma versión mientras sigue este curso. Elija el instalador de 32 bits o 64 bits según la arquitectura del sistema operativo.

Instalación de Python en Windows

Paso 1: Una vez que haya iniciado el instalador, verá dos opciones. Seleccione la opción "Instalar ahora".

Paso 2: Espere a que el lanzador termine el proceso de instalación.

Paso 3: A continuación, haga clic en la opción "Desactivar límite de longitud de ruta" y haga clic en "Sí" cuando se le solicite. Esta es una restricción obsoleta que se puede modificar fácilmente. Con eso fuera del camino, es seguro hacer clic en el cierre.

Paso 4: Dado que tenemos Python instalado, ahora necesitamos instalar un editor de código para escribir el código. Hay muchos editores e IDE por ahí. Compruebe la Matriz Editor/IDE para ver las diferentes opciones disponibles.

Instalación de Python en macOS

Paso 1: Obtención e instalación de MacPython

Mac OS X 10.8 viene con Python 2.7 preinstalado por Apple. A pesar de todo, para sacar el máximo provecho de este libro, es esencial que siga las instrucciones para instalar Python 3.7. Comience visitando "http://www.Python.org/downloads/mac-osx/ ", luego haga clic en el enlace bajo la etiqueta Python 3.7.4 con el instalador de 64 bits/32 bits.

Paso 2: Ejecute el instalador de Python

Aparecerá una ventana con información sobre Python, como se muestra en la figura siguiente. Haga clic en "Continuar" y ya está!

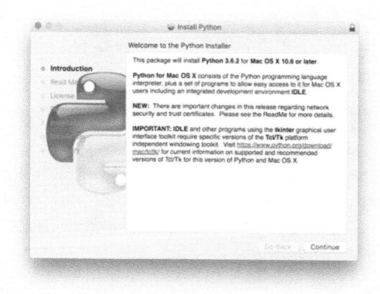

Instalación de Python en Linux

Los siguientes pasos son adecuados para instalar Python en los sistemas operativos Ubuntu y LinuxMint.

Paso 1: Requisitos previos

Utilice los siguientes comandos para instalar todos los requisitos previos para Python.

```
$ sudo apt-get install build-essential checkinstall
$ sudo apt-get install libreadline-gplv2-dev libncursesw5-dev libssl-dev ?
libsqlite3-dev tk-dev libgdbm-dev libc6-dev libbz2-dev libffi-dev zlib1g-
dev
```

Paso 2: Descargar Python 3.7

Utilice estos comandos para descargar Python desde el sitio oficial.

```
$ sudo apt-get install build-essential checkinstall
$ sudo apt-get install libreadline-gplv2-dev libncursesw5-dev libssl-dev ?
libsqlite3-dev tk-dev libgdbm-dev libc6-dev libbz2-dev libffi-dev zlib1g-
dev
```

Ahora extraiga el paquete descargado.

```
$ sudo tar xzf Python-3.7.4.tgz
```

Paso 3: Compilar python Source

Ejecute los conjuntos de comandos siguientes para compilar el código fuente de Python en su sistema utilizando "altinstall". Esto se utiliza para evitar que el sistema operativo reemplace el archivo binario de Python predeterminado.

```
$ cd Python-3.7.4
$ sudo ./configure --enable-optimizations
```

```
$ sudo make altinstall
```

Paso 4: Compruebe la versión de Python

Para comprobar que se ha instalado la versión adecuada, ejecute el siguiente comando.

```
$ Python3.7 -V
Python-3.7.4
```

Instalación de un editor /IDE

Ahora necesitamos instalar un editor de código / IDE, para interpretar los comandos que necesitaremos ejecutar. IDE a los efectos de este libro, significa Entorno Integrado de Desarrollo. Cualquier editor debe tener el mismo resultado. En este tutorial, usaremos JetBrains PyCharm. El editor se puede descargar a través de este enlace "https://www.jetbrains.com/pycharm/download/".

Requisitos del sistema

Requisito	Mínimo	Recomienda
Ram	4 GB de RAM libre	8 GB de RAM total del sistema
Espacio en disco	2,5 GB y otros 1 GB para cachés	Unidad SSD con al menos 5 GB de espacio libre
Resolución del monitor	1024 x 768	1920 x 1080

Sistema operativo	Versiones de 64 bits lanzadas oficialmente de lo siguiente: • Microsoft Windows 7 SP1 o posterior. • macOS 10.11 o posterior. • Cualquier distribución de Linux que admita Gnome, KDE o Unity DE. No se admiten versiones preliminares.	La última versión de 64 bits de Windows, macOS o Linux.

Instalación de PyCharm para Windows

Paso 1: Descargar Pycharm

Visite el sitio web de JetBrains y descargue PyCharm para Windows o utilice el siguiente enlace

"https://www.jetbrains.com/pycharm/download/#section=windows".

Encontrará dos versiones. Para empezar, puede utilizar la versión de la comunidad, ya que es gratuita y un código abierto.

Paso 2: Ejecutar el asistente

Durante el proceso de instalación, se le pedirá que elija algunas opciones. Tenga en cuenta las siguientes opciones en el asistente de instalación. Haga clic en siguiente dos veces.

Paso 3: Elija su configuración

Marque las siguientes opciones, tal y como se muestra en de la imagen de abajo.

- Crear acceso directo de escritorio: lanzador de 64 bits

- Crear asociaciones: .py

Ahora haga clic en siguiente.

Paso 4: Instalar

Ahora que todos nuestros ajustes están listos, haga clic en el icono de instalación y espere a que el paquete termine, luego haga clic en "finalizar".

Instalación de PyCharm en macOS

Paso 1: Descargar Pycharm

Visita el sitio web de JetBrains y descarga PyCharm para macOS o usa el siguiente enlace

"https://www.jetbrains.com/pycharm/download/#section=mac".

Encontrará dos versiones. Para empezar puede utilizar la versión de la comunidad, ya que es gratuita y de código abierto.

Paso 2: Montar imagen

Arrastre la aplicación PyCharm a la carpeta "Aplicaciones".

Paso 3: Ejecutar la imagen

Comience seleccionando no importar ninguna configuración o seleccionar una versión anterior si ha utilizado PyCharm antes.

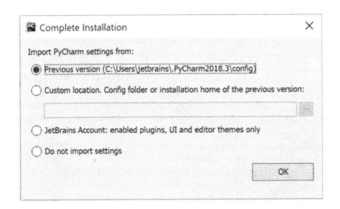

Paso 4: Interfaz de usuario

Así es como se verá el editor de código (IDE). Depende completamente de la apariencia que quieras. Hay dos temas disponibles, el tema Drácula o Luz, con un fondo negro y uno blanco respectivamente.

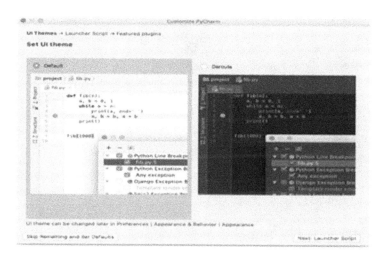

Paso 5: En este paso, se le pedirá que establezca una ruta donde se creará el script. Simplemente haga clic en siguiente.

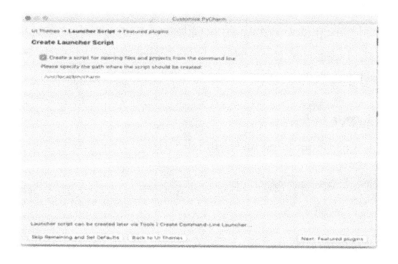

Paso 6: Finalización

Finalmente, haga clic en empezar a usar Pycharm.

Instalación de PyCharm en Linux

La mayoría de las distribuciones de Linux, suponiendo que cumple los requisitos mínimos, implican descargar un archivo comprimido y luego desempaquetarlo en el directorio "/opt".

Paso 1: Descarga PyCharm desde el sitio web de JetBrains. Seleccione una carpeta local para el archivo de archivado en la que puede ejecutar el comando tar. Descarga la versión de la comunidad, ya que es gratuita y de código abierto.

Paso 2: Instalar PyCharm

Ejecute el siguiente comando en un terminal.

```
sudo tar xfz pycharm-*.tar.gz -C /opt/
```

Paso 3: Ejecutar pycharm.sh desde el subdirectorio bin

```
cd /opt/pycharm-*/bin
./pycharm.sh
```

Paso 4: Asistente por primera vez

Complete el asistente de ejecución por primera vez para empezar

Editor/ Matriz IDE

Ahora es el momento de introducir algo llamado "IDE", que es la abreviatura de Entorno de Desarrollo Integrado. IDE es, en esencia, un paquete de software que se utiliza para desarrollar y probar el software que ha creado. Este paquete de software ayuda a automatizar la tarea de un desarrollador reduciendo el esfuerzo manual y combinando el marco más utilizado. Por otro lado, algunos desarrolladores también prefieren editores de código, que es básicamente un editor de texto donde un desarrollador puede escribir el código utilizado en el desarrollo de cualquier software. Lo más importante es que los editores de código permiten al desarrollador guardar pequeños archivos de texto con el código fuente en lugar de todo el proyecto.

Ide	Calificación de usuario	Desarrollado en
1. PyCharm	4.5 / 5	Java, Python
2. Spyder	4 / 5	Python
3. PyDev	4.6 / 5	Java, Python
4. Inactivo	4.2 / 5	Python
5. Ala	4 / 5	C, C++, Python

Capítulo 2

Uso de su Editor /IDE

Esta sección le guiará a través de la interfaz gráfica de usuario del IDE que va a utilizar 'PyCharm'. La mayoría de los IDE tendrán una configuración similar con prácticamente la misma funcionalidad. Sin embargo, hay algunos editores de código que también actúan como una plataforma de desarrollo. No hay escasez de opciones cuando se trata de IDE. Algunos de los mejor valorados se encuentran en la sección anterior llamada Editor / IDE Matrix.

Interfaz

Después de instalar PyCharm la interfaz debe ser similar a la imagen de abajo. Se divide en tres secciones principales. La primera que se puede encontrar a la izquierda de la interfaz de usuario (UI) es la ventana de herramientas del proyecto donde puede almacenar diferentes archivos para su proyecto. A su derecha, debe encontrar el Editor que le permite escribir cómodamente en su código. El editor está repleto de sangría automática, entre otras características que exploraremos a lo largo de este libro. Debajo de ambos paneles, podemos encontrar la ventana Ejecutar herramienta que ejecuta la salida del código que el programador decide ejecutar. Hay más secciones en la interfaz de usuario. Sin embargo, estos tres son los principales que usted debe saber por ahora.

- Ventana de herramientas del proyecto,

- Editor

- Ejecute la ventana de herramientas.

Hay algunas otras secciones en la interfaz de usuario que debe tener en cuenta también por ahora.

- La barra de navegación,

- Barra de estado.

Creación de un archivo Python

Ahora que está familiarizado con la interfaz de usuario, podemos crear nuestro primer archivo Python. Para ello, siga las siguientes instrucciones:

i. Haga clic con el botón derecho en su carpeta en la 'Ventana de herramientas de proyecto'.

ii. Seleccione la etiqueta llamada 'Nuevo'.

iii. Seleccione 'Archivo DePython.'

iv. Escriba cualquier nombre de archivo (preferiblemente sin espacios ni caracteres especiales).

v. Haga clic en Intro.

Ejecución de código

Como parte de la tradición de programación, el primer programa que un nuevo codificador tiene que hacer es el programa 'Hola, mundo'. Esto comenzó cuando el lenguaje C se estaba creando por primera vez en los laboratorios Bell hace décadas. En cualquier caso, se considera que es una iniciación de tipos, ya que es simple y también permite a los nuevos codificadores probar su IDE y asegurarse de que funciona correctamente.

En el editor, escriba esta línea de código.

1. **impresión**('Hola, mundo')

Después de escribir la línea de código, pulse el botón verde de reproducción en la esquina superior derecha del editor. El resultado debe estar visible en la ventana de herramientas de ejecución.

¡Felicidades, acabas de escribir tu primer programa! Aunque puede que no parezca mucho, esto es definitivamente un hito a lo largo de la ruta de programación. La salida de su nuevo programa se puede mostrar a continuación.

Producción del programa

```
C:'Usuarios'...'PycharmProjects'GettingStarted'venv'Scripts'Python.exe
C:/Users/.../PycharmProjects/GettingStarted/GettingStarted.py

Helloworld
Proceso terminado con el código de salida 0
```

Capítulo 3

Fundamentos de Python

Todo el mundo necesita comenzar en algún lugar, y esta sección explora los conceptos básicos que cualquier programador necesita saber para poder escribir código. Espere ejecutar errores, ya que forma parte del proceso de aprendizaje. Si el IDE le da un error, simplemente vaya a su motor de búsqueda favorito y pegue el mensaje de error allí. Mediante el uso de expresiones predefinidas en Python, el equipo interpretará la acción que desea crear y presentará un resultado. Escribir un programa es dividir grandes objetivos en objetivos más pequeños. La mayoría del inicio de programación comienza con la programación secuencial.

Expresiones

Esto significa que el código que escriba irá de línea en línea en secuencia. El tipo más básico de instrucción de programación en Python se denomina expresión. Esto implica el uso de valores y operadores para simplificarlo en un solo valor al igual que una calculadora. Por ejemplo, si escribimos el código 40 + 2 esperaríamos que Python devuelva el valor de 42.

1. 40 + 2

La mayoría de la gente asume que los programadores son buenos en matemáticas. En realidad, los programadores escriben principalmente instrucciones de una manera lógica. Inevitablemente, se considera que un codificador usa matemáticas. A continuación encontrará una tabla sobre cómo utilizar operadores para las expresiones que escriba.

El orden de operación es exactamente el mismo que en matemáticas. La tabla siguiente representa el orden de prioridad de arriba a abajo. En cualquier momento, se puede invalidar mediante paréntesis.

Operador	Operación	Ejemplo
**	Exponente	45 ** 3
*	Multiplicación	5 * 4
/	División	4 / 8
//	División de enteros	33 // 8
%	Resto/módulo	61 % 8
+	Adición	16 + 16
-	Resta	19. – 6

Variables básicas

Cualquier programador experimentado estará de acuerdo en dos hechos sobre la codificación; 1) Se pueden desarrollar diferentes algoritmos para resolver el mismo problema; 2) Se puede escribir código diferente para implementar el mismo algoritmo. En otras palabras, hay muchas maneras de resolver el mismo problema.

Definición de variables

Las variables en la programación se basan en las variables en los cálculos aritméticos. Piense en ellos como tazas para beber que se pueden llenar con diferentes bebidas sabrosas. A veces, tendremos que predeterminar el tipo de taza en función de lo que estamos bebiendo. Aunque se puede hacer, no es aconsejable beber café caliente en una taza de plástico. Al definir variables, es esencial indicar a su IDE qué tipo es para que se ocupe de ello adecuadamente.

Cuando nos referimos a variables en la programación, decimos que se utilizan para almacenar datos a los que los programas deben hacer referencia y utilizarlos. Además, es una buena práctica etiquetarlos con nombres descriptivos, para que nuestros programas puedan entenderse claramente. Recuerde que su único propósito es almacenar datos en la memoria.

Esta es una de las tareas más difíciles en la programación de computadoras. Muchos programadores novatos tienen problemas para encontrar nombres que sean significativos y no repetitivos. Trate de tener siempre en cuenta que otra persona puede leer su código, por lo que tiene que tener sentido. Esa persona también puede ser tu futuro yo, buscando un fragmento de código que escribiste hace unos meses o tal vez años.

Variables de nomenclatura

Los nombres distinguen entre mayúsculas y minúsculas, por lo que si en el mismo código tienes neumático, Tire, TiRe y TIRE, estas serían cuatro variables independientes en el programa. Cada vez es más común usar lo que se llama 'camelcase' para los nombres de variables. Así que en lugar de variables Looking_like_this se venComoEsto. Tenga en cuenta que el estilo de código oficial de Python, PEP 8, indica que se deben usar guiones bajos. A pesar de todo, el camelcase es más fácil de escribir y elegante.

Cualquiera que sea el método que elijas usar, solo recuerda apegarte a un cierto estilo a lo largo de tu programa. Si vas a trabajar en equipo en un solo programa, esta es una de las primeras cosas en las que deberías estar de acuerdo.

Cuando asigne una variable, recuerde estas reglas importantes:

a. Sólo puede ser una sola palabra.

b. Sólo puede tener letras, números y el carácter de subrayado "_".

c. No puede comenzar con un número.

Observe la tabla siguiente para encontrar diferentes nombres aceptables e inaceptables para las variables.

Nombres de variables aceptables	Nombres de variables inaceptables
Neumático	neumático de invierno (no se permiten guiones)
winterTire	neumático de invierno (no se permiten espacios)
winter_tire	8tire (no debe comenzar con un número)

_tire	42 (no debe comenzar con un número)
Neumático	tire_pr!ce (no puede tener caracteres especiales)
neumático3	"tire" (no puede tener caracteres especiales)

Tipos de datos

Anteriormente en esta sección, se utilizó una analogía de tazas para representar variables. Imagine que en lugar de bebidas refrescantes, le gustaría almacenar un líquido radiactivo en la taza. Esta taza debe tener propiedades y maneras que le permiten lidiar con ella que son diferentes de la taza de café ordinario.

Cada tipo de datos tiene características específicas que permiten a Python usarlo en consecuencia. Por ejemplo, un entero se puede utilizar en operaciones aritméticas. Sin embargo, las operaciones matemáticas son diferentes si los valores tienen puntos decimales. Esta es la razón principal por la que la mayoría de los lenguajes de programación clasifican sus datos.

Los tipos de datos más comunes utilizados en cualquier lenguaje de programación son:

- Enteros

- Números de punto flotante, y,

- Cadenas

En la tabla siguiente se proporcionan ejemplos de estos tipos de datos.

Tipo de datos	Ejemplos
Enteros	-4, -3, -2, -1, 0, 1, 2, 3, 4
Números de punto flotante	-4.25, -4.15, 3.45, 3.14, -1.00
Cadenas	'a', 'b', 'resultado', '9 perros', 'etc... '

Recuerde que tanto los enteros como los flotantes se pueden guardar como cadenas. La desventaja es que no se puede realizar ninguna operación aritmética siempre que se establezcan como un tipo de datos de cadena. Para poner las cosas en perspectiva, una cadena es básicamente los códigos de caracteres ASCII para los caracteres entre comillas.

Eso da lugar a la distinción en la representación binaria de los números. Por ejemplo, el número real 9 y el código ASCII para el número nueve son diferentes en binario. Además, un programador puede tener una cadena en blanco, que es una cadena sin caracteres. Normalmente se utiliza como marcadores de posición para las entradas que el usuario debe agregar en el futuro. Si en algún momento durante la programación ve el error 'SyntaxError: EOL al escanear literal de cadena', es muy probable que se haya olvidado de cerrar la cita al final de la cadena.

Tipo de datos de cadena

Uno de los tipos de datos más interesantes para usar cuando se inicia la programación por primera vez debe ser la cadena. Los cerebros humanos están acostumbrados a ver patrones y llenar los espacios en blanco. Cuando se programa en este nivel, ese no es el caso.

String Concatenation es el método de usar operadores con cadenas. Una vez que se utiliza el signo de adición entre dos cadenas, el resultado será la primera cadena seguida por la otra.

En el siguiente ejemplo, utilizará la función de impresión integrada en Python y mostrará lo que desea imprimir en la pantalla. Se puede llamar a cualquier función añadiendo paréntesis después del nombre de la función de la siguiente manera: *print ()*. Puede colocar una cadena que necesite para agregar comillas o comillas dobles alrededor de la cadena.

1. **impresión**('Hola' + 'Mundo') #Displaying dosconjuntos de cadena

2. **•(Puedes usar hashtags para dejar comentarios y notas)**

El valor que se producirá será el siguiente.

```
C:'Usuarios'...'PycharmProjects'GettingStarted'venv'Scripts'Python.exe
C:/Users/.../PycharmProjects/GettingStarted/Start.py
Helloworld

Proceso terminado con el código de salida 0
```

¿Has notado que no hay espacio entre las dos palabras? Para agregar un carácter de espacio, utilice uno de estos métodos; 1) Agregue un espacio al final de su primera cadena; 2) Agregue un espacio al principio de la segunda cadena; 3) Agregue el carácter de espacio como una cadena independiente entre ambas cadenas originales.

1. impresión ('Hola' + 'Mundo')

2. **impresión**('Hola '+ 'Mundo')

3. **impresión**('Hola' + 'Mundo')

4. **impresión**('Hola' + ' ' + 'Mundo')

El resultado de este programa será el siguiente.

```
C:'Usuarios'...'PycharmProjects'GettingStarted'venv'Scripts'Python.exe
C:/Users/.../PycharmProjects/GettingStarted/Start.py
Helloworld
Hola mundo
Hola mundo
Hola mundo

Proceso terminado con el código de salida 0
```

Otra cosa que puede notar es que Python no puede concatenar datos de cadena con datos numéricos. El operador de multiplicación se puede utilizar mientras se utilizan datos de cadena, ya que escribirá la cadena el número de veces que se multiplica.

1. **impresión**('Hello World' * 5)

La salida se muestra a continuación.

```
C:'Usuarios'...'PycharmProjects'GettingStarted'venv'Scripts'Python.exe
C:/Users/.../PycharmProjects/GettingStarted/Start.py
Hello World Hello World Hello World Hello World Hello World
```

La mayoría de los programas requieren algún tipo de entrada para poder procesar y crear información útil. Aquí es donde se introduce otra función integrada en Python: la función "entrada". El usuario de su programa será preguntado con una pregunta que requiere una respuesta antes de continuar con la siguiente línea de código. Tenga en cuenta que la entrada del usuario en PyCharm está en la pantalla de salida, así que escriba la respuesta allí.

1. nombre - input("¿Cuál es su nombre? ") #Note el espacio después del signo de interrogación.

2. **print**('Hi' + name) #We están concatenando esta cadena.

La salida del intérprete será:

```
C:'Usuarios'...'PycharmProjects'GettingStarted'venv'Scripts'Python.exe
C:/Users/.../PycharmProjects/GettingStarted/Start.py
¿Cómo te llamas? Indigo
Hola Indigo

Proceso terminado con el código de salida 0
```

A veces es difícil usar comillas con código, especialmente porque la impresión requiere comillas o comillas dobles. Veamos algunos ejemplos y veamos cómo podemos superar algunos problemas comunes mientras usamos cadenas.

1. nombreDeTienda 'Barber shop'

2. shopName2"Barber Shop" #This dará exactamente la misma salida

3. **print** (shopName+ ' ---> ' + shopName2)

Salida del programa:

```
C:'Usuarios'...'PycharmProjects'GettingStarted'venv'Scripts'Python.exe
C:/Users/.../PycharmProjects/GettingStarted/Start.py
¿Cómo te llamas? Indigo
Hola Indigo

Proceso terminado con el código de salida 0
```

En el ejemplo anterior, el uso de comillas dobles y comillas simples no hizo ninguna diferencia. ¿Y si la tienda se llama John's Barber Shop? ¿Y si se llama La "tienda de barbero" con las citas dobles en el nombre?

1. nombreDeCompra de la tienda de la #An apóstrofo en el nombre de la tienda.

2. shopName2 -'The 'Barber Shop" #Double citas en el nombre de la tienda.

3. **impresión**(nombreDeCompra + "n' + nombreDeTienda2) #Using "n' moverá la siguiente salida a la siguiente línea en la salida

Salida del programa:

```
C:'Usuarios'...'PycharmProjects'GettingStarted'venv'Scripts'Python.exe
C:/Users/.../PycharmProjects/GettingStarted/Start.py
John's Barber shop
La "Barber Shop"

Proceso terminado con el código de salida 0
```

34

La mayoría de los codificadores en algún momento, necesitan agregar un párrafo o una cadena que necesita ser formateada de cierta manera con muchas líneas de caracteres. En casos como estos, los programadores pueden usar citas simples, dobles o triples. Basta con echar un vistazo al siguiente ejemplo:

1. msg'"Hola a todos,

2. Estamos encantados de anunciar una cerveza gratis si pasa sin pasar por la hora feliz del martes, entre las 7:00 am y las 9:00am.

3. Gracias

4. Tu barbero favorito "john"." #Triple citas simples.

5. msg2 """

6. Hola a todos,

7. Nos complace anunciar que una cerveza ya está disponible los martes y miércoles happy hour, entre las 7:00 am y las 9:00 am.

8. Gracias

9. su barbero favorito John

10. """ #Triple citas dobles.

11. (**msg**+ msg2) #Output de ambas sentencias.

Salida del programa:

```
C:'Usuarios'...'PycharmProjects'GettingStarted'venv'Scripts'Python.exe
C:/Users/.../PycharmProjects/GettingStarted/Start.py
Hola a todos,
Estamos encantados de anunciar una cerveza gratis si pasa sin pasar por
la hora feliz del martes, entre las 7:00 am y las 9:00am.
Gracias
Tu barbero favorito "John".
Hola a todos,
Nos complace anunciar que una cerveza ya está disponible los martes y
miércoles happy hour, entre las 7:00 am y las 9:00 am.
Gracias
su barbero favorito John


Proceso terminado con el código de salida 0
```

Por último, los programadores que usan Python pueden optar por utilizar cadenas formateadas, ya que es más fácil de visualizar que la concatenación de cadenas normal. Esto se hace simplemente agregando la letra f (minúscula) antes de la cita, la cita doble o la cita triple. En el caso de que las variables deban colocarse dentro del texto, puede utilizar las llaves para introducir el nombre de la variable. Mira el ejemplo siguiente.

1. firstName á "Indigo"

2. lastName á "Montoya"

3. msg1'Hola, mi nombre es ' + firstName + ' ' + lastName + '. Mataste a mi padre, prepárate para morir' #You tienes que dar cuenta de los espacios

4. **impresión**(msg1)

5. msg2-f'Hello, mi nombre es "firstName" (nombre primero). Mataste a mi padre, prepárate para morir #By usando los frenos rizados puedes reservar lugares para variables.

6. **impresión**(msg2)

7. msg3-f"'Hola mi nombre es "FirstName" (nombre primero).

8. Mataste a mi padre,

9. prepararse para morir"'#You puede utilizar la función de cadena formateada con comillas triples como

Bien.

Producción del programa

```
C:'Usuarios'...'PycharmProjects'GettingStarted'venv'Scripts'Python.exe
C:/Users/.../PycharmProjects/GettingStarted/Start.py
Hola, mi nombre es Indigo Montoya. Mataste a mi padre, prepárate para
morir.
Hola, mi nombre es Indigo Montoya. Mataste a mi padre, prepárate para
morir.
Hola mi nombre es Indigo Montoya.
Mataste a mi padre,
prepararse para morir

Proceso terminado con el código de salida 0
```

Hay casos en los que un programador necesita dar formato a la cadena proporcionada por el usuario. Estos pocos comandos (métodos) seguramente serán útiles una vez que comience a obtener grandes cantidades de datos. Para llamar a un método, debe escribir el nombre de la variable, seguido de un punto y, a continuación, seguido del método.

1. msg -entrada('¿Qué dices? ')

2. **imprimir**(msg) #Original mensaje

3. (msg.upper()) #All Caps

4. (msg.lower()) #All pequeño

5. **print**(msg.title()) #Title caso

Salida del programa:

```
C:'Usuarios'...'PycharmProjects'GettingStarted'venv'Scripts'Python.exe
C:/Users/.../PycharmProjects/GettingStarted/Start.py
¿Qué dices tú? Salvar la lluviaforrest
Salvar la lluviaforrest
SAVE THE RAINFORREST
ahorrar la lluviaforrest
Save The Rainforrest

Proceso terminado con el código de salida 0
```

A veces, los programadores necesitan extraer ciertos caracteres de una cadena o averiguar cuánto tiempo dura una cadena de datos. Para extraer un determinado carácter un programador necesita conocer el índice de todos los caracteres. Para empezar, debemos averiguar cuál es la longitud de una cadena.

1. msg -entrada('¿Qué dices? ')

2. **imprimir**(msg) #Original mensaje

3. **imprimir** (len(msg)) #Built función para saber la longitud de un mensaje

Salida del programa:

C:'Usuarios'...'PycharmProjects'GettingStarted'venv'Scripts'Python.exe
C:/Users/.../PycharmProjects/GettingStarted/Start.py
¿Qué dices tú? Ayúdame, por favor.
Ayúdame, por favor.
14

Proceso terminado con el código de salida 0

La tabla siguiente representa una cadena y su índice.

H	e	L	P		M	e	,		P	L	e	Un	s	e
0	1	2	3	4	5	6	7	8	9	10	11	12	13	14

Una de las ventajas de usar Python es que puede usar un índice negativo. Por ejemplo, decide extraer un carácter de una cadena que está más cerca del final. Es posible que el programador no sea consciente de cuál es la longitud de la cadena en este caso. Sin embargo, sabe que necesita extraer un personaje de derecha a izquierda.

H	e	L	P		M	e	,		P	L	e	Un	s	e
...	-14	-13	-12	-11	-10	-9	-8	-7	-6	-5	-4	-3	-2	-1

Las siguientes líneas de código explicarán cómo extraer caracteres específicos de una cadena. La indexación permite a un programador extraer caracteres específicos como el primer último o el carácter *n* con facilidad. Otra opción es utilizar un intervalo de caracteres agregando dos parámetros que indican el principio y el final de los caracteres que se están indexando. Si el código no indica explícitamente cuál debe estar el primer carácter indizado en un intervalo, siempre asumirá que es el primero. Si el programa no indica dónde detenerse en el parámetro end, el intérprete asumirá que es el último carácter de la cadena.

1. name-input("¿Cuál es su nombre? ")

2. **imprimir**(nombre[0]) #This imprimirá el primer carácter.

3. **imprimir**(nombre[-1]) #This imprimirá el último carácter.

4. (nombre[0:4]) #This imprimirá los primeros cuatro caracteres.

5. **impresión** (nombre[4:]) #Will imprimir desde el cuarto carácter hasta el último.

6. **#Will** imprimir a partir del primer carácter al noveno.

7. (nombre[1:-1]) #This excluirá la primera y la última letra.

Salida del programa:

```
C:'Usuarios'...'PycharmProjects'GettingStarted'venv'Scripts'Python.exe
C:/Users/.../PycharmProjects/GettingStarted/Start.py
¿Cómo te llamas? John Smith
J
H
John
```

herrero

John Smit

ohn Smit

Proceso terminado con el código de salida 0

Tipo entero

Una de las mejores cosas de Python es que los enteros realmente no tienen ningún límite programable para cuánto tiempo pueden ser. La única restricción realista encontrada es la cantidad de memoria que tiene en el equipo que ejecuta el programa.

1. x 1000000000000000000000 *12344567890

2. **impresión**(x)

Salida del programa:

```
C:'Usuarios'...'PycharmProjects'GettingStarted'venv'Scripts'Python.exe
C:/Users/.../PycharmProjects/GettingStarted/Start.py
12344567890000000000000000000000

Proceso terminado con el código de salida 0
```

Python asume que el programador usará un sistema de números decimales de forma predeterminada y no requiere un prefijo para usarlo. Un sistema de números decimales es un sistema que se utiliza para representar números, mediante la utilización de dígitos de 0 a 9 y rodando después. Así que, en esencia, añadimos otro dígito después de llegar a 9 a la izquierda y empezar a contar de nuevo. Hay otros sistemas numéricos, el más famoso es el binario que es utilizado por los ordenadores y hexadecimal, ya que hace que sea más fácil de entender binario.

Si un programador decide utilizar un sistema numérico diferente, también conocido como número base, puede utilizar los prefijos de la tabla siguiente.

Prefijo	Base	Interpretación
0b (cero + letra minúscula 'b') 0B (cero + letra mayúscula 'B')	2	Binario
0o (cero + letra minúscula 'o') 0O (cero + letra mayúscula 'O')	8	Octal
0x (cero + letra minúscula 'x') 0X (cero + letra mayúscula 'X')	16	Hexadecimal

Para probarlo, puede pedirle a Python que imprima los valores decimales de la representación de base numérica diferente.

1. (10) #Base 10 (decimal).

2. (0o10) #Base 8 (octal).

3. (0x100) #Base 16 (hexadecimal).

4. (0b10) #Base 2 (binario).

Salida del programa:

```
C:'Usuarios'...'PycharmProjects'GettingStarted'venv'Scripts'Python.exe
C:/Users/.../PycharmProjects/GettingStarted/Start.py
10
8
256
2

Proceso terminado con el código de salida 0
```

Tipo de flotadores

El tipo de datos de punto flotante es un tipo numérico basado en el sistema decimal que permite que las variables tengan puntos decimales. Hay una función automática integrada donde Python cambiará un entero a un punto flotante en el caso que requiera, como en la división de números.

1. x x 8 / 7 - Dividir 8 por 7

2. **impresión**(x)

3. y 8 / 4 - Dividiendo 8 por 4

4. **impresión**(y)

5. z á 8 // 4 - Dividir 8 por cuatro, pero sólo recuperar un entero.

6. **impresión**(z)

Salida del programa:

```
C:'Usuarios'...'PycharmProjects'GettingStarted'venv'Scripts'Python.exe
C:/Users/.../PycharmProjects/GettingStarted/Start.py
1.1428571428571428
2.0
2

Proceso terminado con el código de salida 0
```

Un programador puede incorporar valores flotantes con otras funciones matemáticas. Pase unos minutos revisando la documentación que se encuentra en este enlace,

(https://docs.Python.org/3/tutorial/introduction.html#numbers) si la codificación que va a utilizar es intensiva en matemáticas.

Conversión de tipos de datos

Al principio de la programación, cuándo utilizar ciertos tipos de datos puede ser confuso. En muchos casos, los datos que un programador necesita utilizar no están realmente a su debido tiempo. La conversión de datos puede ser un salvador de la vida mientras escribe código. Estos son algunos ejemplos de conversión de datos y cómo identificar el tipo de datos de una variable.

1. ejemplo 20

2. ejemplo-int(ejemplo): cambiar el tipo a un entero.

3. **print**(type(example)) - Muestra el tipo de variable que tiene.

4. ejemplo: str(ejemplo) - Cambio en una cadena.

5. **print**(type(example)) - Muestra el tipo de variable que tiene.

6. ejemplo: float(example) - Cambio en un punto flotante.

7. **print**(type(example)) - Muestra el tipo de variable que tiene.

8. ejemplo-Falso

9. ejemplo de bool(ejemplo) - Cambio a un booleano.

10. **print**(type(example)) - Muestra el tipo de variable que tiene.

Salida del programa:

```
C:'Usuarios'...'PycharmProjects'GettingStarted'venv'Scripts'Python.exe
C:/Users/.../PycharmProjects/GettingStarted/Start.py
<clase 'int'>
<clase 'str'>
<clase 'float'>
<clase 'bool'>

Proceso terminado con el código de salida 0
```

Asignación de un valor a variables

Esto implica inicializar una variable la primera vez que se almacena un valor. En este ejemplo, estamos colocando el precio de los neumáticos. Mientras se verbaliza, lo mejor es declarar el siguiente comando como 'Poner cuarenta en neumáticos' porque el signo igual, como aprenderemos más adelante, también se utiliza para comparar variables.

1. neumático 40

2. **impresión**(neumático)

Salida del programa:

La salida para esta declaración es 40, por lo que el programa mostrará 40.

```
C:'Usuarios'...'PycharmProjects'GettingStarted'venv'Scripts'Python.exe
C:/Users/.../PycharmProjects/GettingStarted/Start.py
40

Proceso terminado con el código de salida 0
```

Ahora, vamos a tratar de añadir impuestos al precio de los neumáticos. Si asigna un nuevo valor a una variable que ya se ha iniciado, se borra el valor antiguo. Seriamente. Ido. No regresaremos. A menos que vuelvas a ejecutar el programa.

Echemos un vistazo a un ejemplo a continuación.

1. neumático 40

2. impuestos 2

3. taxedTire + neumático + impuestos

4. **impresión**(taxedTire)

Salida del programa:

En este caso, iniciamos el precio de los neumáticos a 40 y el costo de los impuestos a 2. Luego cambiamos el costo del neumático para ser igual al valor inicial (40) más el precio de los impuestos (2) lo que nos da una salida de 42.

```
C:'Usuarios'...'PycharmProjects'GettingStarted'venv'Scripts'Python.exe
C:/Users/.../PycharmProjects/GettingStarted/Start.py
```

```
Proceso terminado con el código de salida 0
```

En este siguiente ejemplo copiaremos el valor de una variable a otra variable, usando el mismo ejemplo anterior.

1. neumático 40

2. impuestos 2

3. taxedTire + neumático + impuestos

4. neumático - taxedTire

5. **impresión**(neumático)

Salida del programa:

```
C:'Usuarios'...'PycharmProjects'GettingStarted'venv'Scripts'Python.exe
C:/Users/.../PycharmProjects/GettingStarted/Start.py
42

Proceso terminado con el código de salida 0
```

Del mismo tipo que asignamos números a las variables, también puede inicializar una variable con una cadena. Para que Python sepa que desea almacenar una cadena y no otra variable, necesitamos usar comillas.

1. tireOrigin á 'Japón'

2. **impresión**(tireOrigin)

Salida del programa:

```
C:'Usuarios'...'PycharmProjects'GettingStarted'venv'Scripts'Python.exe
C:/Users/.../PycharmProjects/GettingStarted/Start.py
Japón

Proceso terminado con el código de salida 0
```

Para este siguiente ejemplo, queremos mostrar el precio y el lugar en el que se hizo como salida. Al agregar el signo más entre palabras, mostrará ambas cadenas una al lado de la otra.

1. tireOrigin á 'Japón'

2. precio de los neumáticos 42

3. tireOutput á tireOrigin + str(tirePrice)

4. **impresión**(tireOutput)

Salida del programa:

```
C:'Usuarios'...'PycharmProjects'GettingStarted'venv'Scripts'Python.exe
C:/Users/.../PycharmProjects/GettingStarted/Start.py
Japón42

Proceso terminado con el código de salida 0
```

En este punto, tendría sentido añadir un carácter espacial entre Japón y 42. Eso es lo que es un espacio: ¡Un personaje! Una vez que coloque un símbolo de adición seguido del carácter de espacio entre comillas, coloque otro símbolo de adición seguido de la segunda variable. Mira el código de abajo.

1. tireOrigin á 'Japón'

2. precio de los neumáticos 42

3. tireOutput - tireOrigin + ' + str(tirePrice)

4. impresión(tireOutput)

Salida del programa:

```
C:'Usuarios'...'PycharmProjects'GettingStarted'venv'Scripts'Python.exe
C:/Users/.../PycharmProjects/GettingStarted/Start.py
Japón 42

Proceso terminado con el código de salida 0
```

Operaciones aritméticas

Para empezar a usar operaciones matemáticas, debes saber que es tan simple como usar una calculadora. No hay mucho más. Pruebe algunas operaciones aritméticas propias o vea los resultados de las operaciones a continuación.

1. número 5 + 6 * 7 / 4.0

2. **impresión**(número)

3. resto - 8 % 5

4. **impresión**(resto)

5. cuadrado 177 ** 2

6. en cubos 3 ** 3

7. **impresión**(cuadrada)

8. **impresión**(en cubos)

9. intergerDivision 8 // 3

10. **impresión**(integerDivision)

Salida del programa:

```
C:'Usuarios'...'PycharmProjects'GettingStarted'venv'Scripts'Python.exe
C:/Users/.../PycharmProjects/GettingStarted/Start.py
15.5
3
31329
27

Proceso terminado con el código de salida 0
```

Una operación útil que se utiliza constantemente durante la programación se denomina operador de asignación aumentada. Esta operación se utiliza cuando el programador necesita incrementar una variable determinada. Mira los ejemplos a continuación.

1. x á 10

2. x x x + 6 #This tomará el valor original de x y le añadirá seis.

3. **impresión**(x)

4. y 10

5. y + 6 #This también añadirá 6 a y.

6. **impresión**(y)

7. z-10

8. z - 6 #This restará 6 del valor original de z

9. **impresión**(z)

10. q a 10

11. q * 6 #This multiplicará el valor original de q por 6

12. **impresión**(q)

Salida del programa:

```
C:'Usuarios'...'PycharmProjects'GettingStarted'venv'Scripts'Python.exe
C:/Users/.../PycharmProjects/GettingStarted/Start.py
16
16
4
60

Proceso terminado con el código de salida 0
```

Como ventaja, aquí hay un par de funciones integradas útiles que se pueden utilizar de acuerdo con las necesidades del programador. En algunos casos, un codificador puede encontrar la necesidad de redondear números o usar números absolutos. Un número absoluto es la versión positiva del número independientemente del resultado. Escriba las pocas líneas de código que siguen y vealas en acción.

1. x - 3.1415926 #This es pi al séptimo dígito.

2. **impresión**(x)

3. **imprimir**(round(x)) #By redondeo x, el resultado debe ser un entero

4. y -9343

5. **impresión**(y)

6. (abs(y)) #By establecerlo como un número absoluto, la salida será positiva.

Salida del programa:

```
C:'Usuarios'...'PycharmProjects'GettingStarted'venv'Scripts'Python.exe
C:/Users/.../PycharmProjects/GettingStarted/Start.py
3.1415926
3
-9343
9343

Proceso terminado con el código de salida 0
```

Funciones matemáticas

Python tiene un módulo matemático que proporciona la mayoría de las funciones matemáticas comunes. Al igual que las operaciones aritméticas convencionales, este módulo funcionará utilizando los mismos principios básicos. Un módulo es una colección de funciones colocadas en un archivo. Antes de poder usar un módulo, debe importarlo en el código. Para importar el módulo de matemáticas, todo lo que necesita hacer es ingresar el siguiente comando.

1. **importar** matemáticas

Para llamar a una función desde un módulo que se ha importado, se debe utilizar una notación de puntos. Si un programador necesita llamar a la función log, comenzaría con el nombre del módulo seguido del nombre de la función. El ejemplo siguiente muestra una notación de puntos en las líneas tres y cuatro mientras se llaman a las funciones pi y sin, respectivamente.

1. **importar** matemáticas #Here estamos importando el módulo de matemáticas (archivo).

2. grados 90

3. ángulo s grados * 2 * math.pi / 360.0 #On este método estamos llamando a pi.

4. **imprimir**(math.sin(angle)) #In este método estamos usando el método sin para calcular un ángulo.

5. x a 3,8

6. **imprimir**(math.ceil(x)) #Here estamos calculando el techo de x.

7. **imprimir**(math.floor(x)) #Here estamos buscando el valor de suelo de x.

Hay una cantidad considerable de funciones que puede utilizar en el módulo de matemáticas. Visite la biblioteca de Python que tiene todas las funciones enumeradas junto con ejemplos y explicaciones (https://docs.Python.org/3/library/math.html).

Listas

Las listas son algunas de las variables más inteligentes de los diferentes tipos de datos que utilizan los programadores. Normalmente, se utilizan para escribir archivos separados por comas, que son una versión simple de hojas de cálculo. Las listas tienden a contener el mismo tipo de datos. Sin embargo, hay casos en los que puede agregar diferentes tipos de datos en la misma lista.

1. groceryList á['Apples', 'Oranges', 'Rice', 'Juice', 'Avocado']

2. **impresión**(groceryList)

Salida del programa:

```
C:'Usuarios'...'PycharmProjects'GettingStarted'venv'Scripts'Python.exe
C:/Users/.../PycharmProjects/GettingStarted/Start.py
['Manzanas', 'Naranjas', 'Arroz', 'Jugo', 'Avocado']

Proceso terminado con el código de salida 0
```

Al igual que las cadenas, las listas se pueden indexar según su lugar en la lista. Más adelante en esta sección aprenderemos cómo modificar elementos en una variable de lista.

1. groceryList á['Apples', 'Oranges', 'Rice', 'Juice', 'Avocado']

2. **imprimir**(groceryList) - Imprimir toda la lista

3. **imprimir**(groceryList[0]) - Imprimir el primer elemento de la lista

4. **imprimir**(groceryList[-1]) - Imprimir el último elemento de la lista

Salida del programa:

```
C:'Usuarios'...'PycharmProjects'GettingStarted'venv'Scripts'Python.exe
C:/Users/.../PycharmProjects/GettingStarted/Start.py
['Manzanas', 'Naranjas', 'Arroz', 'Jugo', 'Avocado']
Manzanas
Aguacate

Proceso terminado con el código de salida 0
```

Actualizar una lista y agregar nuevos elementos es tan sencillo como colocar un operador de adición con los elementos que desea agregar después de la variable de lista. Si necesitamos agregar algunos artículos a nuestra lista de comestibles, simplemente podemos hacerlo como se muestra a continuación.

1. groceryList á['Apples', 'Oranges', 'Rice', 'Juice', 'Avocado']

2. **imprimir**(groceryList) - Imprimir toda la lista

3. groceryListTM groceryList + ['Pasta', 'Pepper', 'Tomates'] #Adding elementos de la lista

4. **imprimir**(groceryList) - Impresión de la lista actualizada

Salida del programa:

```
C:'Usuarios'...'PycharmProjects'GettingStarted'venv'Scripts'Python.exe
C:/Users/.../PycharmProjects/GettingStarted/Start.py
['Manzanas', 'Naranjas', 'Arroz', 'Jugo', 'Avocado']
```

['Manzanas', 'Naranjas', 'Arroz', 'Jugo', 'Aguacate', 'Pasta', 'Pepper', 'Tomates']

Proceso terminado con el código de salida 0

Hay casos en los que un elemento de una lista debe reemplazarse. En ese caso, podemos usar los corchetes para cambiar un elemento específico.

1. groceryList   á['Apples',   'Oranges',   'Rice',   'Juice', 'Avocado','Pasta', 'Pepper']

2. **imprimir**(groceryList) - Imprimir toda la lista

3. groceryList[3] ' Mangoes'   - En lugar de Jugo podemos reemplazarlo con Mangoes

4. **imprimir**(groceryList) - Imprimir la lista actualizada

Salida del programa:

C:'Usuarios'...'PycharmProjects'GettingStarted'venv'Scripts'Python.exe
C:/Users/.../PycharmProjects/GettingStarted/Start.py
['Manzanas', 'Naranjas', 'Arroz', 'Jugo', 'Avocado', 'Pasta', 'Pepper']
['Apples', 'Oranges', 'Rice', 'Mangoes', 'Avocado', 'Pasta', 'Pepper']

Proceso terminado con el código de salida 0

Otra forma de agregar elementos a una lista es usar el método append agregando una notación de puntos con el método append, seguido de paréntesis.

1. groceryList á['Apples', 'Oranges', 'Rice', 'Juice', 'Avocado']

2. **imprimir**(groceryList) - Imprimir toda la lista

3. groceryList.append('Strawberries')

4. **impresión**(groceryList)

Producción del programa

```
C:'Usuarios'...'PycharmProjects'GettingStarted'venv'Scripts'Python.exe
C:/Users/.../PycharmProjects/GettingStarted/Start.py
['Manzanas', 'Naranjas', 'Arroz', 'Jugo', 'Avocado']
['Manzanas', 'Naranjas', 'Arroz', 'Jugo', 'Aguacate', 'Fresas']

Proceso terminado con el código de salida 0
```

Hay otras opciones para reemplazar elementos de la lista de forma masiva mediante el índice. Por ejemplo, puede reemplazar índices de tres a cinco.

1. groceryList á['Apples', 'Oranges', 'Rice', 'Juice', 'Avocado', 'Bananas']

2. **imprimir**(groceryList) - Imprimir toda la lista

3. groceryList[3:5] - ['Salmon', 'Bacon'] - Esto sólo reemplaza el índice tres y cuatro

4. **impresión**(groceryList)

¿Qué pasa si añadimos un artículo adicional sin asignación real?

5. groceryList[3:5] á ['Uvas', 'Pepino', 'Olives']

• Python añadirá el elemento adicional y moverá el quinto elemento al sexto índice

6. **impresión**(groceryList)

Producción del programa

```
C:'Usuarios'...'PycharmProjects'GettingStarted'venv'Scripts'Python.exe
C:/Users/.../PycharmProjects/GettingStarted/Start.py
['Manzanas', 'Naranjas', 'Arroz', 'Jugo', 'Aguacate', 'Bananas']
['Manzanas', 'Naranjas', 'Arroz', 'Salmón', 'Bacon', 'Bananas']
['Manzanas', 'Naranjas', 'Arroz', 'Uvas', 'Pepino', 'Aceitunas', 'Bananas']

Proceso terminado con el código de salida 0
```

Anteriormente, exploramos la función 'len()' en las secciones de tipo de datos de cadena y variables. La función integrada también se puede utilizar para conocer la longitud de una variable de lista. En el futuro, un programador que importe información de un archivo separado por comas puede saber cuántos valores hay realmente allí. Por el momento, usaremos el ejemplo que tuvimos. Sólo tenga en cuenta que se convertirá en muy útil cuando se trata de grandes sumas de datos.

1. groceryList á['Apples', 'Oranges', 'Rice', 'Juice', 'Avocado', 'Bananas']

2. **print**(len(groceryList)) - Impresión de la longitud de la variable de lista

Salida del programa:

```
C:'Usuarios'...'PycharmProjects'GettingStarted'venv'Scripts'Python.exe
C:/Users/.../PycharmProjects/GettingStarted/Start.py
6

Proceso terminado con el código de salida 0
```

En capítulos posteriores exploraremos cómo usar listas para almacenar información que se calcula mediante cálculos aritméticos, bucles y lógica.

Métodos de lista

Parte de convertirse en programador es encontrar información sobre las técnicas y métodos que necesita en función del proyecto en cuestión. Estos son algunos métodos que puede utilizar con listas, simplificados en una tabla. Dicho esto, siempre se puede google información específica. El arte de poder encontrar métodos o piezas de información específicas recae en la comprensión básica y el conocimiento de la terminología específica en cuestión.

Método	Explicación
groceryList.append(x)	Agregue un valor al final de la lista. En este caso es el valor de 'x'.
groceryList.extend([x , y])	Itera los valores hasta el final de la lista. Puede almacenar varios elementos de lista por separado. Si

	esto se intenta mediante el método append, almacenará un valor en lugar de dos.
groceryList.insert(1, x)	Esto añadirá el valor de 'x' en el índice 1.
groceryList.remove(x)	Esto eliminará el primer elemento de la lista con un valor equivalente a 'x'.
groceryList.pop( )	Esto devuelve y, a continuación, quita el último elemento de la lista.
groceryList.clear( )	Esto elimina todos los elementos de la lista.
groceryList.index(x)	Esto devolverá el valor de índice que corresponde a 'x'
groceryList.count(x)	Esto devolverá el número de veces que se encuentra el valor correspondiente de 'x' en la lista.
groceryList.sort(x)	Esto ordena la lista en orden ascendente.
groceryList.reverse (x)	Esto invierte el orden de la lista.
groceryList.copy (x)	Esto hace una copia de la lista.

Tuplas

Las tuplas son un tipo especial de lista, ya que hay una gran cantidad de funcionalidad que no existe en ella. Para empezar, no puede agregar o quitar elementos en una tupla como inmutable. Las tuplas todavía tienen la capacidad de buscar elementos en la lista, así como de usar un operador 'in' para operaciones lógicas complejas.

¿Por qué usar tuplas entonces? La respuesta es simple. Su inmutabilidad. Esta propiedad en particular hace que las tuplas sean más rápidas de procesar que las listas, ya que su longitud total es estática y no dinámica como sus otras contrapartes. Además, las tuplas se pueden utilizar como claves de diccionario, otro tipo de datos que se tratará más adelante en este libro. Otra buena razón es la seguridad, ya que puede escribir proteger sus datos que no necesita cambiar. Sin duda, una de las principales razones de su popularidad es estética. Muchas funciones en Python requieren llaves, así como corchetes redondos, y las tuplas utilizan corchetes. Los corchetes solo se utilizan cuando se trata de listas que facilitan a los codificadores la búsqueda de datos que se pasan a una función u otra variable.

Una tupla es un número de variables separadas por comas. Eche un vistazo al ejemplo de código siguiente.

1. pensamientos : 'Tesla Model 3',1969, 3.14 - La lista de tulas puede tener diferentes tipos de datos en ella.

2. **impresión**(pensamientos)

3. otherThoughts - pensamientos, 'Sopa de cebolla', 'Viaje de Georgia',911 - Tuplas de anidación

4. **impresión**(otrosPensamientos)

5. pensamientos[1] - 1991 - Las tuplas son inmutables, no puedes cambiarlas

6. **impresión**(pensamientos)

Salida del programa:

```
C:'Usuarios'...'PycharmProjects'GettingStarted'venv'Scripts'Python.exe
C:/Users/.../PycharmProjects/GettingStarted/Start.py
Archivo "C:/Users/
/PycharmProjects/GettingStarted/MyFirstProgram.py", línea 5, en
<module>
pensamientos[1] - 1991 - Las tuplas son inmutables, no puedes
cambiarlas
TypeError: el objeto 'tupla' no admite la asignación de artículos
('Tesla Model 3', 1969, 3.14)
('Tesla Model 3', 1969, 3.14), 'Sopa de cebolla', 'Viaje a Georgia', 911)

Proceso terminado con el código de salida 1
```

Desembalaje de tuplas

Para asignar un valor a una variable, requiere que la variable sea el lado izquierdo de un signo igual seguido de los valores reales en el otro lado. Puede utilizar una tupla para asignar varias variables al mismo tiempo. Por ejemplo, si has codificado un juego y quieres restablecer todos tus valores a la vez, puedes usar una tupla para restablecer la puntuación, el nombre del jugador, etc. Otro atributo que distingue una tupla es que si desea tener solo un elemento en la lista, todavía debe seguirlo con una coma para que Python pueda interpretar la variable como una tupla. Si el codificador desea crear una tupla vacía, sin valores, el paréntesis debe estar vacío.

1. nada de () - Una tupla con un valor vacío.

2. **impresión**(nada)

3. survivalTools('cuerda',) #Remember dejar una coma al final si solo necesita un valor.

4. **impresión**(survivalTools)

5. reset (0, 'The Courtyard', 1.99) - Creación de una tupla para restablecer

6. score, levelName, availableCurrency - reset

7. **imprimir**(puntuación, levelName, availableCurrency)

Capítulo 4

Diccionarios

En este capítulo, cubriremos un nuevo tipo de datos que facilita una forma flexible de organizar los datos. Usando los conocimientos de la sección anterior sobre listas, pronto podrás crear estructuras de datos que serán útiles en casi cualquier aplicación que se te ocurra.

Un diccionario puede almacenar muchos valores como una lista. Sin embargo, pueden indizar diferentes tipos de datos. Las claves de un diccionario están asociadas a valores. Cuando se combina, se denomina par clave-valor. Comencemos creando una nueva variable de diccionario.

1. flat 'rooms': '2', 'bathrooms': '1', 'floor': '3rd', 'apartment': '306"

2. **impresión**(f"Mi apartamento tiene habitaciones planas['habitaciones'], "baño de baño"]"""

Salida del programa:

```
C:'Usuarios'...'PycharmProjects'GettingStarted'venv'Scripts'Python.exe
C:/Users/.../PycharmProjects/GettingStarted/Start.py
Mi apartamento tiene 2 habitaciones, 1 baño

Proceso terminado con el código de salida 0
```

Los diccionarios, a diferencia de las listas, se pueden identificar mediante otros tipos de datos que no son necesariamente enteros, aunque también puede usar enteros como claves.

Diccionarios frente a listas

El orden de los elementos de lista importa cuando se intenta compararlos con otras listas. Mientras tanto, los diccionarios pueden encontrar si una lista que ya existe, incluso si las claves están fuera de servicio. Esto no significa que la orden no sea importante. Si un codificador mantiene un orden uniforme en sus listas, entonces esto no es un problema. Sin embargo, el problema principal aparece una vez que comienza a obtener datos desordenados, especialmente de los usuarios.

Pruebe esta siguiente secuencia en el editor.

1. flat á ['habitaciones', 'baños', 'piso', 'apartamento']

2. apartamento ['apartamento', 'baños', 'habitaciones', 'piso']

3. **impresión**(apartamento plano) - Cuando se utiliza el valor de la aplicación, se le pregunta si son iguales a Uno al otro

4. flat 'rooms': '2', 'bathrooms': '1', 'floor': '3rd', 'apartment': '306"

5. apartamento "apartamento': '306', 'baños': '1', 'habitaciones': '2', 'piso': '3rd"

6. **impresión**(apartamento plano)

Salida del programa:

```
C:'Usuarios'...'PycharmProjects'GettingStarted'venv'Scripts'Python.exe
C:/..
Falso
Verdad

Proceso terminado con el código de salida 0
```

Métodos útiles

Hay algunos métodos útiles que puede utilizar con diccionarios. Estos métodos son especialmente útiles cuando se combinan con bucles. Todos los métodos siguientes deben utilizarse agregando una notación de puntos después del nombre de la variable seguida de un paréntesis.

El primer método es keys(), que dará salida a las claves de un diccionario. El siguiente método es value(), que generará los valores de keys. El último método es el items() que mostrará las claves y los valores entre paréntesis y separados por una coma.

Pruebe el ejemplo siguiente.

1. flat 'rooms': '2', 'bathrooms': '1', 'floor': '3rd', 'apartment': '306"

2. **impresión**(flat.keys())

3. **impresión**(flat.values())

4. **impresión**(flat.items())

Salida del programa:

```
C:'Usuarios'...'PycharmProjects'GettingStarted'venv'Scripts'Python.exe
C:/Users/.../PycharmProjects/GettingStarted/MyFirstProgram.py
```

66

```
dict_keys(['habitaciones', 'baños', 'piso', 'apartamento'])
dict_values(['2', '1', '3rd', '306'])
dict_items([('rooms', '2'), ('bathrooms', '1'), ('floor', '3rd'), ('apartment', '306')])


Proceso terminado con el código de salida 0
```

Comprobación de valor o clave

Al usar un diccionario, una de las funciones que probablemente se necesitarán regularmente es buscar un determinado valor en el diccionario. Para este ejercicio, usaremos dos operadores; los operadores 'in' y 'not'. Estos dos operadores pueden indicarle si existe una determinada clave o valor en un diccionario. Tenga en cuenta que estos operadores también se pueden utilizar en listas, así como en la lógica. Estos operadores saldrán con una salida booleana 'True' o 'False'.

Aquí hay algunas líneas de códigos para probar.

1. piso de "habitaciones": 2, 'baños': 1, 'piso': '3rd', 'apartamento': 306o

2. **imprimir**('habitaciones' **en** flat.keys()) - Determinar si hay una llave llamada habitaciones

3. ('1st' **en** flat.values()) - Determinar si hay un valor llamado 1o

4. (3 **no en** flat.items()) #Determining si no hay un valor ni una clave de 3

Salida del programa:

C:'Usuarios'...'PycharmProjects'GettingStarted'venv'Scripts'Python.exe
C:/Users/.../PycharmProjects/GettingStarted/MyFirstProgram.py
Verdad
Falso
Verdad

Proceso terminado con el código de salida 0

Hay otro método que se puede utilizar con diccionarios, y hace que sea fácil de obtener una pieza específica de datos. Esto se denomina método get().

Echa un vistazo al ejemplo siguiente, para ver cómo se utiliza dentro del editor.

1. piso de "habitaciones": 2, 'baños': 1, 'piso': '3rd', 'apartamento': 306o

2. **impresión**(f"Vivo en el apartamento de 'flat.get('apartment')')' #getting el número de apartamento

Salida del programa:

C:'Usuarios'...'PycharmProjects'GettingStarted'venv'Scripts'Python.exe
C:/Users/.../PycharmProjects/GettingStarted/MyFirstProgram.py
Vivo en el apartamento 306

Proceso terminado con el código de salida 0

Capítulo 5

Bucles

Todos hemos estado en una situación en la que estamos atrapados haciendo lo mismo una y otra vez en el trabajo o en casa. Durante el tiempo más largo de la historia, el hombre ha sido retenido por la carga de repetir tareas. Las computadoras repetirán cualquier comando sin problemas, a diferencia de los seres humanos que se espera que cometan errores de vez en cuando.

En este capítulo, aprenderemos sobre otro clásico de la programación de bucles. Al igual que el nombre sugiere, los bucles repiten un bloque de código hasta que se cumple una determinada condición. En Python, tenemos tres tipos de bucles, y los exploraremos todos en este capítulo.

Mientras que los bucles

Este bucle en particular seguirá funcionando hasta que se cumpla una determinada condición. En este primer ejemplo, usaremos una variable de iteración denominada I para mostrar los números pares hasta que llegue a 10.

1. i-0

2. **mientras que** i <-10: - Nota si no agrega el signo igual, Python no imprimirá el

último valor de 10

3. **impresión** (i) - Impresión i en la pantalla

4. i+2 - Adición de dos en cada revolución de bucle

• No se olvide de pulsar en shift+tab para cerrar este bloque de código.

Salida del programa:

```
C:'Usuarios'...'PycharmProjects'GettingStarted'venv'Scripts'Python.exe
C:/Users/.../PycharmProjects/GettingStarted/MyFirstProgram.py
0
2
4
6
8
10

Proceso terminado con el código de salida 0
```

Ahora, al igual que usamos un operador para decidir cuándo detenerse, esta vez usaremos la longitud de una lista para detener el bucle. En este caso, vamos a imprimir los nombres de todos en una lista junto con un mensaje de bienvenida.

1. nameList['Adam', 'Nathan', 'Joe', 'Mark', 'Jose', 'Jack']

2. **mientras que** nameList:

3. impresión (f"Bienvenido s.nameList.pop(-1), a la fiesta de Johnny")

• El método Pop() toma el apellido de la lista, lo imprime y luego lo elimina de la lista

#Remember para pulsar shift+tab para cerrar este bloque de código

Salida del programa:

```
C:'Usuarios'...'PycharmProjects'GettingStarted'venv'Scripts'Python.exe
C:/Users/.../PycharmProjects/GettingStarted/MyFirstProgram.py
Bienvenido Jack, a la fiesta de Johnny
Bienvenido José, a la fiesta de Johnny
Bienvenido Mark, a la fiesta de Johnny
Bienvenido Joe, a la fiesta de Johnny
Bienvenido Nathan, a la fiesta de Johnny
Bienvenido Adam, a la fiesta de Johnny

Proceso terminado con el código de salida 0
```

Si no le gusta utilizar el método pop mientras utiliza listas, puede utilizar la longitud de una lista en el bucle. Algunos programadores prefieren no utilizar el método pop, ya que elimina los valores de la lista que pueden ser necesarios en el futuro. Observe el ejemplo siguiente que lo logra sin perder ningún elemento de la lista.

1. nameList,['Adam', 'Nathan', 'Joe', 'Mark', 'Jose', 'Jack'] - Variable de lista con todos los nombres.

2. x - 0 - Valor inicial para la interrupción del bucle.

3. **mientras que** x < len(nameList): - Mientras que x es menor que la longitud de la lista.

4. **imprimir**(f"Bienvenido a la lista de nombres[x], a la fiesta de Johnny") - Imprimir el mensaje de bienvenida.

5. x + 1 - Iteración de uno a x en cada ciclo.

Salida del programa:

```
C:'Usuarios'...'PycharmProjects'GettingStarted'venv'Scripts'Python.exe
C:/Users/.../PycharmProjects/GettingStarted/MyFirstProgram.py
Bienvenido Jack, a la fiesta de Johnny
Bienvenido José, a la fiesta de Johnny
Bienvenido Mark, a la fiesta de Johnny
Bienvenido Joe, a la fiesta de Johnny
Bienvenido Nathan, a la fiesta de Johnny
Bienvenido Adam, a la fiesta de Johnny

Proceso terminado con el código de salida 0
```

Otro método para detener un bucle es usar un comando break. En el ejemplo siguiente, el programa está tratando de identificar el número más cercano a 1000 que es divisible por 14.

1. i 1000 - El valor initil de i

2. **mientras que** i > 0: - Esto mantendrá el bucle en ejecución hasta que i sea igual a cero.

3. **si** i % 14 a 0: si el resto de la división por 14 es a cero.

4. (i) - Impresión del valor requerido.

5. **descanso** - Detener (romper) el programa.

6. i--1 - Restar uno en cada revolución del bucle

Salida del programa:

```
C:'Usuarios'...'PycharmProjects'GettingStarted'venv'Scripts'Python.exe
C:/Users/.../PycharmProjects/GettingStarted/MyFirstProgram.py
994

Proceso terminado con el código de salida 0
```

En este siguiente ejemplo para bucles while, vamos a crear un programa que solicitará una contraseña. Después de tres veces, si la contraseña no es correcta, enviará un mensaje al usuario pidiéndole que vuelva a intentarlo más tarde. Sin embargo, si la contraseña es correcta, el programa mostrará un mensaje de éxito.

1. pwd1 á "contraseña" - La contraseña que se guarda en el programa

2. i - 0

3. pwdPass - Falso

4. **mientras que** i < 3: - Esto le dará al usuario tres intentos

5. userPwd á input(f"Por favor, inserte la contraseña: ") - Daving contraseña deusuario en una variable.

6. i + 1 - Incremento de i para romper el bucle después de tres intentos.

7. **si** pwd1 userPwd: • Comprobación de la contraseña guardada con la contraseña de usuario.

8. pwdMsg "Eres puro de corazón, puedes pasar."

9. **break - Rompiendo el bucle, ya que no hay necesidad de ejecutarlo de** nuevo.

10. **else**: - Kust como una instrucción if se puede tener una instrucción else en un bucle while

11. pwdMsg "Eres indigno, ¡sólo el corazón puro puede pasar!"

12. **imprimir**(pwdMsg) - Imprimir el mensaje una vez finalizado el bucle.

Salida del programa:

```
C:'Usuarios'...'PycharmProjects'GettingStarted'venv'Scripts'Python.exe
C:/Users/.../PycharmProjects/GettingStarted/MyFirstProgram.py
Por favor, introduzca la contraseña: Contraseña
Por favor, inserte la contraseña: PASSWORD
Por favor, introduzca la contraseña: contraseña
Eres puro de corazón, puedes pasar.

Proceso terminado con el código de salida 0
```

Por último, vamos a crear un juego simple de la vieja escuela usando un bucle while. En este juego, el usuario decidirá si quiere iniciar o detener un tren de juguete, con la opción de dejar de fumar. Echemos un vistazo al código.

1. userCommand á " á ' , Creación de una variable vacía para almacenar el comando de usuario.

2. **mientras que** True: - Esto mantendrá el bucle en marcha hasta que se rompa dentro del bucle

3. userCommand - input('>>> ') - Usamos esto para dar al programa un aspecto retro.

4. **si** userCommand.lower() á 'start':

5. • Tenga en cuenta el método en minúsculas, esto es para evitar problemas en minúsculas o mayúsculas con el usuario.

6. impresión ('el tren ha comenzado')

7. **elif** userCommand.lower() á 'stop':

8. impresión ('el tren se ha detenido')

9. **elif** userCommand.lower() á 'quit':

10. **imprimir**('Nos vemos más tarde...')

11. **break** - Esto romperá el programa si el usuario quiere salir.

12. **elif** userCommand.lower() á 'help':

13. **impresión**(f"""

14. Inicio de la aplicación para iniciar el tren

15. Detener el número de tren para detener el tren

16. Salir de la lista de salidas del programa """)

17. **el más**:

18. **imprimir**(

19. "Lo siento, no puedo entenderte. tipo Ayuda para obtener ayuda.") - Esto es

para que el usuario sepa cuáles son las opciones.

Salida del programa:

```
C:'Usuarios'...'PycharmProjects'GettingStarted'venv'Scripts'Python.exe
C:/Users/.../PycharmProjects/GettingStarted/MyFirstProgram.py
>>> Iniciar tren
Lo siento, no puedo entenderte. tipo Ayuda para obtener ayuda.
>>> AYUDA
Inicio de la aplicación para iniciar el tren
Detener el número de tren para detener el tren
Salir de la lista de s> Para salir del programa
>>> Inicio
tren ha comenzado
>>> Detener
tren se ha detenido
>>> Salir
Nos vemos luego...

Proceso terminado con el código de salida 0
```

Para bucles

Un 'for loop' se utiliza normalmente cuando sabes cuántas veces vas a bucle exactamente. En el caso de que pueda romper espontáneamente, debe utilizar un bucle while. Además, 'for loops' son muy útiles con cadenas. El primer ejemplo le mostrará cómo Python puede iterar una cadena.

1. **para** el artículo **en** 'Roger': - Esta es la condición del bucle for

2. **imprimir**(artículo)

Salida del programa:

¿Recuerdas el ejercicio que hicimos al imprimir los nombres en una lista? Es una brisa en comparación cuando se utiliza un 'for loop'. Vamos a echarle un vistazo.

1. nameList á ['Adam', 'Nathan', 'Joe', 'Mark', 'Jose', 'Jack'] - Lista inicial de nombres

2. **para** el elemento **en** nameList:

3. **imprimir**(artículo): Esto imprimirá todos los elementos de la lista.

• No olvide utilizar shift y tab para cerrar el bloque de código.

Salida del programa:

Jose

Jack

Proceso terminado con el código de salida 0

Hay una función incorporada que se puede utilizar con el 'for loop' llamado la función de rango. Esto se puede utilizar para imprimir un rango de números a partir de cero.

1. **para** el artículo **en** rango(5): - Este rango nos dará una salida de cero a cuatro

2. **imprimir**(artículo)

Salida del programa:

C:'Usuarios'...'PycharmProjects'GettingStarted'venv'Scripts'Python.exe

C:/Users/.../PycharmProjects/GettingStarted/MyFirstProgram.py

0

1

2

3

4

Proceso terminado con el código de salida 0

La función de rango tiene la opción de seleccionar un rango específico– por ejemplo, de 5 a 12. También puede especificar los pasos. Eso significa que si desea iterar cada vez por dos, puede agregar un tercer parámetro para hacerlo. Veamos un ejemplo.

1. **para** el elemento **en** range(5, 25, 5): .

2. **imprimir**(artículo)

Salida del programa:

```
C:'Usuarios'...'PycharmProjects'GettingStarted'venv'Scripts'Python.exe
C:/Users/.../PycharmProjects/GettingStarted/MyFirstProgram.py
5
10
15
20

Proceso terminado con el código de salida 0
```

Ahora, para este último ejemplo, imaginemos que desea agregar todos los precios de un carro de la compra que se guardan en una lista.

1. priceList á [10.99, 15.25, 11.00, 244.39] - Lista de precios.

2. totalPrice - 0 - variable para contener el precio total.

3. **por** precio **en** priceList: - Tenga en cuenta que puede llamar a su variable cualquier nombre que desee.

4. precio totalPrice + - Adición de la lista actual de artículos al precio.

5. **imprimir**(totalPrice) - Impresión del precio total.

Salida del programa:

```
C:'Usuarios'...'PycharmProjects'GettingStarted'venv'Scripts'Python.exe
C:/Users/.../PycharmProjects/GettingStarted/MyFirstProgram.py
281.63

Proceso terminado con el código de salida 0
```

Bucles anidados

Los bucles anidados, en esencia, se crean ejecutando dos bucles uno dentro del otro para crear el resultado deseado. Normalmente hacemos esto cuando tenemos un conjunto de instrucciones que necesitan ser ejecutados en bloques más de una vez. Para este primer ejemplo, vamos a enumerar un conjunto de coordenadas mediante bucles anidados.

1. **para** x **en** range(5): el primer bucle creará las coordenadas x.

2. **para** y **en** range(5): el segundo bucle creará las coordenadas y.

3. **imprimir**(f'('x', 'y')') - Estoimprimirá las coordenadas como cabría esperar.

Salida del programa:

```
C:'Usuarios'...'PycharmProjects'GettingStarted'venv'Scripts'Python.exe
C:/Users/.../PycharmProjects/GettingStarted/MyFirstProgram.py
(0, 0)
(0, 1)
(0, 2)
(0, 3)
(0, 4)
(1, 0)
(1, 1)
(1, 2)
(1, 3)
(1, 4)
(2, 0)
(2, 1)
```

(2, 2)

(2, 3)

(2, 4)

(3, 0)

(3, 1)

(3, 2)

(3, 3)

(3, 4)

(4, 0)

(4, 1)

(4, 2)

(4, 3)

(4, 4)

Proceso terminado con el código de salida 0

Capítulo 6

Funciones

Otra piedra angular de la programación son las funciones. A diferencia de las integradas que están listas para usar una vez que haya comenzado, las funciones definidas por el usuario abren posibilidades ilimitadas. El uso de funciones ayuda a los programadores a abstraer su código y simplificar las modificaciones en el futuro. Piense en él como un contenedor que está etiquetado y solo se ejecutará una vez que lo llame, por lo que es perfecto para la programación controlada por eventos. En este capítulo, vamos a echar un vistazo más de cerca a cómo crear, alterar y colocar funciones para sacar el máximo provecho de sus programas.

Instrucción de definición y llamadas de función

Hay un método distinto para definir una función. La sintaxis de eso está en el código siguiente. En este ejemplo hipotético, vamos a crear una función que cuadrará un número determinado.

1. **def** greetUser(): - La instrucción de definición comienza con def que está reservada, seguida del nombre de la función.

2. propósito : input('State your purpose: ') - Primera línea del bloque de código.

3. **imprimir**(propósito) - Segunda línea del bloque de código.

4.

5.

#For buenas prácticas de escritura de código, debe agregar dos líneas vacías (saltos) después del bloque de funciones.

6. **impresión**('Usted ha llegado al sitio web dela corporación paraguas') - Esto es lo primero que se ejecutará en el programa.

7. greetUser() - La función sólo se ejecutará después de llamarla así (nombre de la función seguido de paréntesis).

Salida del programa:

```
C:'Usuarios'...'PycharmProjects'GettingStarted'venv'Scripts'Python.exe
C:/Users/.../PycharmProjects/GettingStarted/MyFirstProgram.py
Ha llegado al sitio web de la corporación paraguas
Declara tu propósito: Estoy buscando a Alice...
Estoy buscando a Alice...


Proceso terminado con el código de salida 0
```

Como se explicó anteriormente, los programas se ejecutarán en una secuencia de líneas, por lo que la línea uno irá seguida de la línea dos, y así sucesivamente. Por esa misma razón, una función debe definirse antes de llamarla. Si intenta llamar a una función con antelación, el IDE le pedirá un error.

Parámetros

Ahora vamos a explorar cómo agregar parámetros a nuestras funciones. En muchos casos, necesitamos tomar información del usuario o de cualquier otro lugar y usarla dentro de una función. Esta técnica es utilizada por todos los programadores, independientemente del tipo de programa que estén creando. Siga las instrucciones a continuación para ver cómo funciona.

1. **def** greetUser(userName): este es el parámetro que pasamos cuando se llama a la función en las líneas 7 y 8.

2. propósito : entrada('Diga su propósito: ')

3. **imprimir**(f'Hello 'nombreDeUsuario.título()', son estas sus intenciones: "'propósito' ?')

   Aquí estamos usando el parámetro.

   También estamos utilizando el método de título, para evitar cualquier error de usuario.

4.

5.

6. **impresión**('Usted ha llegado al sitio web dela corporación paraguas') - Esto es lo primero que se ejecutará en el programa.

7. greetUser("rEbEcEa") - Una vez que haya agregado un parámetro, debe proporcionar un valor al llamar a la función.

8. greetUser("dr. Green") - Cada vez que se llama a una función, el nuevo parámetro es pasado.

Salida del programa:

```
C:'Usuarios'...'PycharmProjects'GettingStarted'venv'Scripts'Python.exe
C:/Users/.../PycharmProjects/GettingStarted/MyFirstProgram.py
Ha llegado al sitio web de la corporación paraguas
Declara tu propósito: Estoy buscando a Alice
Hola Rebecea, ¿estas son tus intenciones: "Estoy buscando a Alice"?
Diga su propósito: Crear un virus!
Hola Dr. Green, ¿estas son sus intenciones: "Crear un virus!"?

Proceso terminado con el código de salida 0
```

Argumentos de palabras clave

En la mayoría de los casos, es posible que esté pasando más de un parámetro en el programa. En casos como estos es necesario pasar el valor de estos parámetros con respecto a cómo se definieron en la función. Veamos un ejemplo.

1. **def** greetUser(firstName, lastName):

2. propósito : entrada('Diga su propósito: ')

3. **imprimir**(f'Hello 'firstName.title()'""'," son estas sus intenciones: "'propósito' ?')

4.

5.

6. **impresión**('Usted ha llegado al sitio web de la corporación paraguas')

7. greetUser("rebecca", "chambers") - En esta llamada defunción tenemos el primer nombre como primer parámetro.

8. greetUser('chambers', 'rebecca') - En esta llamada defunción tenemos el apellido como primer parámetro

Salida del programa:

```
C:'Usuarios'...'PycharmProjects'GettingStarted'venv'Scripts'Python.exe
C:/Users/.../PycharmProjects/GettingStarted/MyFirstProgram.py
Ha llegado al sitio web de la corporación paraguas
Declara tu propósito: Rescue Alice
Hola Rebecca Chambers, ¿estas son tus intenciones: "Rescue Alice"?
Declara tu propósito: Rescue Alice
Hola Chambers Rebecca, ¿estas son tus intenciones: "Rescue Alice"?

Proceso terminado con el código de salida 0
```

En raras ocasiones, un programador tendrá que pasar parámetros fuera de orden. Aunque esto no siempre se recomienda, hay casos en los que es necesario. Para ello, todo lo que tiene que hacer es agregar el nombre del parámetro mientras llama a la función. Echemos un vistazo al siguiente ejemplo.

1. **def** greetUser(firstName, lastName):

2. propósito : entrada('Diga su propósito: ')

3. **imprimir**(f'Hello 'firstName.title()'""'," son estas sus intenciones: "'propósito' ?')

4.

5.

6. **impresión**('Usted ha llegado al sitio web de la corporación paraguas')

7. greetUser("rebecca", "chambers") - En esta llamada defunción, tenemos el primer nombre como primer parámetro.

8. greetUser('chambers', 'rebecca') - En esta llamada defunción, tenemos el apellido como primer parámetro

9. greetUser(lastName ? 'chambers', firstName "Rebecca') - Intercambiamos la orden y todavía pudimos pasar el parámetros que desee.

Salida del programa:

```
C:'Usuarios'...'PycharmProjects'GettingStarted'venv'Scripts'Python.exe
C:/Users/.../PycharmProjects/GettingStarted/MyFirstProgram.py
Ha llegado al sitio web de la corporación paraguas
Declara tu propósito: Salvar a Alice
Hola Rebecca Chambers, ¿estas son tus intenciones: "Salvar a Alice" ?
Declara tu propósito: Salvar a Alice
Hola Chambers Rebecca, ¿estas son tus intenciones: "Salvar a Alice" ?
Declara tu propósito: Salvar a Alice
Hola Rebecca Chambers, ¿estas son tus intenciones: "Salvar a Alice" ?

Proceso terminado con el código de salida 0
```

Valores devueltos

Hay muchos casos en los que tomará un fragmento de información del usuario, ejecutará una función y tendrá que devolver ese valor al usuario de nuevo. Se hace simplemente escribiendo 'return' delante de las variables que desea devolver. En este siguiente ejemplo, vamos a crear una función muy simple que calculará el cuadrado de cualquier número y devolverá el valor al usuario.

1. **def** squareNum(numA): - Parámetro

2. **return** numA *numA - Añadir la devolución al principio o de lo contrario, de forma predeterminada, no devolverá ninguna.

3.

4. **print**(squareNum(3)) - Tenga en cuenta que la función se llamó como argumento y también se puede guardar en una variable si es necesario.

Salida del programa:

```
C:'Usuarios'...'PycharmProjects'GettingStarted'venv'Scripts'Python.exe
C:/Users/.../PycharmProjects/GettingStarted/MyFirstProgram.py
9

Proceso terminado con el código de salida 0
```

Capítulo 7

Declaraciones Condicionales

Uno de los pilares de la programación es la capacidad de permitir que las computadoras tomen decisiones basadas en la información. En este capítulo, abordaremos las diferentes maneras en que podemos decirle a una computadora que actúe de cierta manera. Una de las cosas que necesitas saber es el hecho de que la programación es secuencial. Piense en ello como viaje en el tiempo; no puedes saber lo que no has experimentado. Funciona de la misma manera con los programas. Si no ha predefinido una condición, el equipo le ignorará o le golpeará con un error molesto. En este punto, es importante mencionar que los ordenadores sólo pueden seguir instrucciones precisas, ya que un equipo no será capaz de entender variables que no están predefinidas. Esto es diferente cuando se trata de redes neuronales e inteligencia artificial, y por suerte para ti, Python es uno de los mejores lenguajes de programación cuando se trata de estas dos disciplinas. Dicho esto, este libro en particular tampoco cubre. Tendrás que embarcarte en otra aventura en un curso avanzado más adelante.

Instrucción If

Probablemente la condición más conocida es la 'instrucción if', que hace exactamente lo que dice. En esta declaración, se prepara una condición y, si se cumple, se realiza una determinada acción. Si no se cumple, se tomará otra acción – en algunos casos, la otra acción no es ninguna acción en absoluto. Por ejemplo, supongamos que está creando un programa que requiere algún tipo de credenciales del usuario antes de que se les conceda acceso. Esto se ha hecho tradicionalmente con 'if declaraciones'. Sin embargo, hoy en día, hay funciones incorporadas que pueden hacerlo por usted. A pesar de todo, vamos a hacer un viaje por el carril de la memoria y llegar a hacer esto nosotros mismos más adelante. Por ahora, vamos a explorar una tarea más simple.

Usted decide crear un programa que le dará consejos sobre qué ponerse en un día dado. Recuerda que tu programa no es un adivino, al menos bajo el capó. Tendrá que trazar un mapa de todas las alternativas para esa empresa en particular. Si hace calor, probablemente te gustaría usar pantalones cortos y una camiseta. Si el clima es frío, tendrías que usar pantalones y una chaqueta. En cualquier otro caso, optarás por jeans y una camisa. Echemos un vistazo a la primera parte del programa.

1. tooHot - Verdadero

2. **si** tooHot: - Así es como las condiciones de las variables booleanas.

3. #Remember pulsar intro para iniciar el bloque de código que se ejecutará la parte verdadera de la declaración

4. **impresión**(f"Hace calor por ahí, usar jeans y una camiseta")

5. • Si desea finalizar la parte verdadera de la declaración, mantenga presionado shift, ahora presione la pestaña una vez.

Producción del programa

Ahora, vamos a agregar el resto de la función, donde agregaremos la declaración para el caso de clima frío. Lo que haremos es agregar un 'else' después del primer bloque de código y luego imprimir lo que debería suceder si no se cumple la condición.

1. tooHot: False #Change la variable en True o False, para ver los resultados que espera.

2. **si** tooHot: - Esta es la forma de hacer condiciones de variables booleanas.

3. #Remember presionar enter después para iniciar el bloque de código que ejecutará la parte True de la instrucción.

4. **impresión**(f"Hace calor por ahí, usar jeans y una camiseta")

5. • Si desea finalizar la parte verdadera de la declaración, mantenga presionado shift, ahora presione la pestaña una vez.

6. **el de**más: después de escribir 'else', pulsamos al entrar.

7. imprimir (f"Es demasiado frío!, usar algunos pantalones y una chaqueta ") - Esto sólo se ejecutará si nuestra variable está establecida enfalse.

Salida del programa:

C:'Usuarios'...'PycharmProjects'GettingStarted'venv'Scripts'Python.exe
C:/Users/.../PycharmProjects/GettingStarted/MyFirstProgram.py
¡Es demasiado frío!, usa unos pantalones y una chaqueta

Proceso terminado con el código de salida 0

Ahora que lo hemos hecho vamos a explorar la tercera opción. Para que esto funcione, necesitaremos agregar una segunda variable para que podamos probar la segunda condición. También usaremos una nueva parte de la declaración llamada 'else if.' El 'else if' básicamente anidará dos 'if declaraciones' juntos, creando un nuevo grado a la condición. Piense en ello como la versión inicial de 'if statements.'

1. tooHot á False - Cambiar la variable a True o False, para ver los resultados que espera.

2. tooCold -False - Cambie la variable a True o False, para ver los resultados que espera.

3. **si** tooHot: - Esta es la forma de hacer condiciones de variables booleanas.

4. • Recuerde presionar enter después para iniciar el bloque de código que ejecutará la parte True de la instrucción.

5. **impresión**(f"Hace calor por ahí, usar jeans y una camiseta")

6. • Si desea finalizar la parte verdadera de la declaración, mantenga presionado shift, ahora presione la pestaña una vez.

7. **elif** tooCold: elif es la abreviatura de otro si.

8. imprimir (f"Es demasiado frío!, usar algunos pantalones y una chaqueta ") - Esto sólo se ejecutará si la variable demasiado fría se establece entrue.

9. **de lo contrario**: #This sólo se exectute si no se cumple ninguna de las condiciones anteriores.

10. **impresión**(f"Es un día encantador, usar un par de jeans y una camisa")

11. • Recuerde presionar en la pestaña shift una vez que haya terminado con este bloque de código para finalizar la 'instrucción if.'

```
C:'Usuarios'...'PycharmProjects'GettingStarted'venv'Scripts'Python.exe
C:/Users/.../PycharmProjects/GettingStarted/MyFirstProgram.py
Es un día precioso, usa un par de jeans y una camisa

Proceso terminado con el código de salida 0
```

Trate de jugar con las variables un poco más para asegurarse de que funcionan correctamente. Es una buena práctica asignar sus 'if statements' antes de ejecutarlas. Eso se puede hacer a través de un bloc de notas o simplemente siguiendo las sangrías que se utilizan en Python. Con el tiempo, "si las declaraciones" vendrán como segunda naturaleza.

Ahora vamos a tratar de usar algunas matemáticas en nuestras condiciones. Imaginemos que desea crear un programa que calculará el anticipo de una casa. Por lo tanto, si el crédito de la persona es bueno, pagará el 10%. De lo contrario, pagarán el 30%.

1. propertyPrice 100000 - Precio de la unidad

2. customerCredit ?True ? Estado de crédito Verdadero para bien y Falso para mal.

3. **si** customerCredit:

4. downPayment á propertyPrice * 0.1

5. Más:

6. downPayment - propertyPrice * 0.3 #Remember para presionar Mayús + Tab o no se imprimirá cuando el crédito es bueno.

7. **print**(f"El anticipo es $-downPayment-") - Esta es una cadenaformateada; usamos las llaves para incluir una variable

8. • Tenga en cuenta que usamos la misma variable para ambos casos.

Salida del programa:

```
C:'Usuarios'...'PycharmProjects'GettingStarted'venv'Scripts'Python.exe
C:/Users/.../PycharmProjects/GettingStarted/MyFirstProgram.py
El anticipo es de $10000.0

Proceso terminado con el código de salida 0
```

¿Notaste que usamos la misma variable en ambos bloques? El programa se ejecutará en el bloque true o false. Como resultado, puede utilizar la variable one e imprimir cualquiera que sea el resultado en lugar de agregar una función de impresión en cada uno de los bloques.

Aquí hay un programa que determinará si un número es positivo, negativo o cero. Esto implica algunos Ifs anidados y termina imprimiendo un mensaje en la consola.

1. numA á int(input('Por favor, introduzca un número: ')) - Introduzca un valor y conviértalo en un entero

2. **si** numA < 0: el número de condición es menor que cero

3. numType á 'negativo' - Esto se mostrará más adelante.

4. • No olvide pulsar la pestaña Mayús después de pulsar sobre la entrada.

5. **elif** numA á 0: - Los signos iguales dobles es comprobar si ambos lados son iguales.

6. numType á 'cero'

7. • No olvide pulsar la pestaña Mayús después de pulsar sobre la entrada.

8. **elif** numA > 0: - Condición de que el número sea mayor que cero.

9. numType á 'positivo'

10. • No olvide pulsar la pestaña Mayús después de pulsar sobre la entrada.

11. Más:

12. **impresión**("Eso no es un número, no tengo idea de lo que hiciste!")

13. • No olvide pulsar la pestaña Mayús después de pulsar sobre la entrada.

14. **imprimir (f"El número que ha introducido en el número de la letra**"numA", es "numType".")

Salida del programa:

```
C:'Usuarios'...'PycharmProjects'GettingStarted'venv'Scripts'Python.exe
C:/Users/.../PycharmProjects/GettingStarted/MyFirstProgram.py
El número que ha introducido 45, es positivo.

Proceso terminado con el código de salida 0
```

Operadores lógicos

Los operadores lógicos se utilizan en situaciones en las que tiene varias condiciones en lugar de solo una. Piénsalo como tu amigo quisquilloso que no se conformará con nadie porque la pareja perfecta no está ahí. Si esa persona eres tú, esta sección será muy fácil para ti. Imaginemos que desea crear un programa que establezca si tiene derecho a obtener un medicamento recetado. Aquí, hay dos condiciones: La persona necesita presentar la identificación, así como una receta del médico. Mira el código de abajo.

1. customerID - False

2. customerPrescription - False

3. **si** customerID **y** customerPrescription: - Tenga en cuenta el 'y' entre las dos condiciones. Este es el operador.

4. msg f'Usted puede comprar este medicamento' - Mensaje si cumple con ambas condiciones.

5. **elif** customerID: • Tenga en cuenta que está comprobando si el cliente tiene un ID con él.

6. msg f'Usted necesita una receta del médico'

7. Dado que el cliente no tiene tanto el ID como la prescripción y, el cliente tiene el ID.

8. Podemos concluir que no tiene la receta.

9. **elif** customerPrescription:

10. msg f'Necesitas tener tu identificación para comprar este medicamento'

11. • El cliente no tiene ambos juntos. El cliente no tiene su identificación. Pruebas para ver si tiene una receta

12. Más:

13. msg f'Por favor, proporcione tanto la receta como esta identificación para comprar el medicamento'

14. **impresión**(msg)

Salida del programa:

C:'Usuarios'...'PycharmProjects'GettingStarted'venv'Scripts'Python.exe
C:/Users/.../PycharmProjects/GettingStarted/MyFirstProgram.py

Proporcione tanto la receta como la identificación para comprar el medicamento

Proceso terminado con el código de salida 0

Ahora intente cambiar las variables a True y False. Hay cuatro variaciones de posibilidades, así que asegúrese de que todas están funcionando.

A continuación, echemos un vistazo a otros operadores lógicos, el OR y NOT. Una vez más, tal como se anuncia, el quirótmo busca cumplir una de dos condiciones, no necesariamente ambas. Así que digamos que está creando un programa para una tienda donde aceptará cualquier forma de pago entre efectivo o tarjeta de crédito. Sin embargo, la tienda no acepta cheques. Mira el código de abajo y de nuevo no te olvides de probar las diferentes variaciones cuando termines.

1. payCash - Verdadero

2. payCC - Falso

3. payCheck - Verdadero

4. **si** (payCash **o** payCC) **y** **no** payCheck: - Condición con tres operadores.

5. Nota 1: Al colocar las condiciones OR entre paréntesis, le decimos a Python qué argumentos procesar primero.

6. Nota 2: Al usar no payCheck, estamos probando la variable y buscando un valor False.

7. Nota 3: Puede utilizar el operador NOT junto a OR, así como el AND.

8. msg á f'Método de pago aceptable'

9. Más:

10. msg'f'nos disculpamos, pero, los cheques no son aceptados'

11. **impresión**(msg)

Salida del programa:

```
C:'Usuarios'...'PycharmProjects'GettingStarted'venv'Scripts'Python.exe
C:/Users/.../PycharmProjects/GettingStarted/MyFirstProgram.py
nos disculpamos, pero los cheques no se aceptan

Proceso terminado con el código de salida 0
```

Comparación de operadores

En esta sección, tenemos una pequeña matriz con los operadores lógicos que se pueden utilizar en Python.

Operador	Descripción	Ejemplo
Y	Si los dos operandos son true, la condición se convierte en true.	numA y numB 10
O	Si cualquiera de los dos operandos es true, la condición se convierte en true.	numA o numb < 10
No	Si los operandos no son verdaderos, la condición es true.	no numA 10

Capítulo 8

Alcances Locales y Globales

Después de aprender acerca de las funciones y entender la importancia de usarlas, vamos a echar otro vistazo a las variables. En esta sección, transmitamos a través de las diferencias entre las variables declaradas dentro de una función y las variables que se declaran normalmente, es decir, variables locales y globales.

En principio, las variables deben declararse solo cuando sea necesario. En la época, los programadores solían declarar todas sus variables al principio de su algoritmo. Esto condujo a un aumento en el tiempo de carga de cualquier programa en particular. Más importante aún, esto significaba que el programa en ejecución estaba desperdiciando potencia de procesamiento y espacio de memoria en variables que pueden no ser utilizadas en absoluto. Esto comenzó a cambiar poco a poco después de la difusión de interfaces gráficas de usuario y programación controlada por eventos.

Variables globales

Para este libro en particular, definiremos una variable global como una que se puede alcanzar a lo largo de todo el programa. En otras palabras, no forma parte de un bloque de código que solo se ejecutará bajo ciertas condiciones. El arte de establecer que son variables globales no depende totalmente de la funcionalidad de los programas.

También debe preocuparse por los riesgos de seguridad, así como las preocupaciones de privacidad cuando se trata de datos. Pensar. Sí, piense cuidadosamente en las variables que está declarando globalmente y tenga en cuenta quién tendrá acceso a esa variable. No queremos una contraseña guardada como una variable global, donde cualquier persona con habilidades menores y pueda acceder a ella. Este es un ejemplo de una variable global.

1. • Esta función utiliza variables globales.

2. **def** carSale(): esta función sólo se ejecutará cuando se llame en la línea 8

3. **(f**'$-price')- Prácticamente la variable de precio se declara antes de esta función deimpresión.

4.

5.

6. • Alcance global

7. precio 120000

8. carSale()

Salida del programa:

```
C:'Usuarios'...'PycharmProjects'GettingStarted'venv'Scripts'Python.exe
C:/Users/.../PycharmProjects/GettingStarted/MyFirstProgram.py
$120000

Proceso terminado con el código de salida 0
```

Variables locales

Las variables locales son lo opuesto. Estas son variables que solo funcionarán dentro de un ámbito o bloque de código determinado. Esto significa que solo se puede acceder y manipular dentro de un determinado bloque de código. Estos tienden a ser útiles, ya que se borran automáticamente de la memoria del equipo tan pronto como la función termina de ejecutarse. Además, es un lugar más seguro para mantener la información sensible y privada, ya que las variables sólo aparecen bajo demanda. Echemos un vistazo a una variable local.

1. • Esta función utiliza variables globales.

2. **def** carSale(): esta función sólo se ejecutará cuando se llame en la línea 7

3. Precio 150000 - La variable de precio se declara localmente, lo que significa que no se puede acceder a ella fuera de la función.

4. **impresión**(f'Precio variable local : $'price")

5.

6.

7. carSale()

8. **print**(f'$ 'price')- Aquí hay un intento de acceder al precio variableglobalmente - producirá un error -.

Salida del programa:

```
C:'Usuarios'...'PycharmProjects'GettingStarted'venv'Scripts'Python.exe
C:/Users/.../PycharmProjects/GettingStarted/MyFirstProgram.py
```

```
Precio variable local : $150000
Traceback (última llamada más reciente):
Archivo
"C:/Users/.../PycharmProjects/GettingStarted/MyFirstProgram.py", línea
8, en <module>
print(f'$ ?price') - Aquí hay un intento de acceder al precio variable
globalmente - producirá un error.
NameError: nombre 'price' no está definido

Proceso terminado con el código de salida 1
```

El error que el programa ha provocado es uno que indica que no puede
encontrar una variable llamada 'price'. Esto debería mostrarle lo
importante que es determinar qué variables solo se deben usar
localmente y cuáles se deben usar globalmente.

Variables locales frente a globales

Ahora que hemos establecido la diferencia entre las dos variables,
comenzaremos a explorar cómo interactúan. En este primer ejemplo,
veremos lo que sucede cuando tenemos una variable local y una
variable global del mismo nombre.

1. • Alcance local

2. def carSale():

3. Precio 150000 - Variable local

4. (f'Este es el precio variable local ($-price-)') - Impresión de la
   variable local

5.

6.

7. • Alcance global

8. precio 120000

9. carSale()

10. (f'Este es el precio variable global ($-price-)') - Impresión de la variable global

Salida del programa:

```
C:'Usuarios'...'PycharmProjects'GettingStarted'venv'Scripts'Python.exe
C:/Users/.../PycharmProjects/GettingStarted/MyFirstProgram.py
Este es el precio variable local ($150000)
Este es el precio variable global ($120000)

Proceso terminado con el código de salida 0
```

Como se ve en el programa anterior, la variable de precio se imprimió con dos valores diferentes. Si rastreamos el programa línea por línea, verá que la variable local tiene prioridad mientras está ejecutando la función. Es por eso que vemos la primera salida que coincide con el valor de la variable local. Mientras tanto, la variable global no se reemplaza. Está disponible y accesible una vez que se ha separado del bloque de código de la función.

Ahora veamos qué sucede si definimos la variable de precio después de intentar imprimir.

1. def carSale():

2. (f'Este es el precio variable local ($-price-)') - Intentando imprimir la variable local

3. Precio 150000 - Variable local - El programa no producirá un error si se elimina esta línea.

4.

5.

6. • Alcance global

7. precio 120000

8. carSale()

9. (f'Este es el precio variable global ($-price-)') - Impresión de la variable global

Salida del programa:

```
C:'Usuarios'...'PycharmProjects'GettingStarted'venv'Scripts'Python.exe
C:/Users/.../PycharmProjects/GettingStarted/MyFirstProgram.py
Traceback (última llamada más reciente):
Archivo
"C:/Users/.../PycharmProjects/GettingStarted/MyFirstProgram.py", línea
8, en <module>
carSale()
Archivo
"C:/Users/.../PycharmProjects/GettingStarted/MyFirstProgram.py", línea
2, en carSale
print(f'this is the local variable price ($-price-)') - Intento de imprimir la
variable local
```

En este caso, a pesar de que teníamos una variable global y una variable local definida, el terminal Python todavía solicitaba un error que indicaba que la variable se definió después de intentar alcanzarla. No más tarde. Curiosamente, si elimina la línea tres por completo, no producirá un mensaje de error. Piense en la variable local como su propia burbuja, un universo de bolsillo propio con sus propias leyes de la física. Vamos a ponerlo de una mejor manera: Una función puede ser considerada como un pequeño programa dentro de un programa más grande. Python tratará el bloque de código de la función como tal.

Declaración global

Hay casos en los que desea modificar o utilizar una variable global dentro de un bloque de funciones. Por lo tanto, si desea utilizar una variable global mientras utiliza una variable local, debe usar una palabra clave reservada 'global'. El siguiente ejemplo debería hacerlo más claro.

1. def carSale():

2. precio global: estamos utilizando la palabra clave para acceder a la variable global.

3. (f'Este es el precio variable global ($-price-)') - Impresión de la variable global

4. Precio 150000 - Variable local - El programa no producirá un error si se elimina esta línea.

106

5. (f'Este es el precio variable local ($-price-)') - Impresión de la variable local

6.

7.

8. • Alcance global

9. precio 120000

10. carSale()

Salida del programa:

```
C:'Usuarios'...'PycharmProjects'GettingStarted'venv'Scripts'Python.exe
C:/Users/.../PycharmProjects/GettingStarted/MyFirstProgram.py
Este es el precio variable global ($120000)
Este es el precio variable local ($150000)

Proceso terminado con el código de salida 0
```

Capítulo 9

Manejo de Excepciones

En esta sección, vamos a pasar por el manejo de errores en cualquier programa Python. Esta es una parte fundamental de la programación, especialmente cuando se trata de errores de usuario. Si usted es ajeno a que usted tiene errores, entonces nunca serán manejados o resueltos. Comencemos con una pregunta básica: ¿Cuándo sé que hay un error? Para entender eso, vamos a ejecutar un programa simple donde tomamos información del usuario. Pedimos al usuario que introduzca algo como su fecha de nacimiento.

1. • Iniciar programa

2. **def** getBirthYear(): esta función está aquí para reunir el año de nacimiento del usuario.

3. birthYear á int(input('¿Cuál es su año de nacimiento? '))

• Guardar la entrada del usuario como un entero dentro de una variable.

4. **impresión**(año de nacimiento)

5.

6.

7. getBirthYear() - Llamar a la función del año getBirthYear.

Salida del programa:

```
C:'Usuarios'...'PycharmProjects'GettingStarted'venv'Scripts'Python.exe
C:/Users/.../PycharmProjects/GettingStarted/MyFirstProgram.py
¿Cuál es tu año de nacimiento? 1982
1982

Proceso terminado con el código de salida 0
```

Este programa parece ser completamente adecuado siempre y cuando el usuario introduzca un número. ¿Qué pasa si el usuario decide usar letras en lugar de números? Usando el mismo programa exacto, eche un vistazo al mensaje que recibiríamos en el terminal.

Salida del programa:

```
C:'Usuarios'...'PycharmProjects'GettingStarted'venv'Scripts'Python.exe
C:/Users/.../PycharmProjects/GettingStarted/MyFirstProgram.py
¿Cuál es tu año de nacimiento? Diecinueve ochenta y dos
Traceback (última llamada más reciente):
Archivo
"C:/Users/.../PycharmProjects/GettingStarted/MyFirstProgram.py", línea
7, en <module>
getBirthYear() - Llamar a la función del año getBirthYear.
Archivo
"C:/Users/.../PycharmProjects/GettingStarted/MyFirstProgram.py", línea
3, en getBirthYear
birthYear á int(input('¿Cuál es su año de nacimiento? ')) - Guardar la
entrada del usuario como un entero dentro de una variable.
ValueError: literal no válido para int() con base 10: 'Ninetenn eighty two'

Proceso terminado con el código de salida 1
```

La consola de salida le indica que la información recopilada del usuario es una cadena y no puede convertirla en un número válido. Como resultado de esta entrada del usuario, todo el programa se ha bloqueado y no seguiría funcionando. La última línea de la salida de la consola indica que, "El proceso terminó con el código de salida 1." Cualquier código de salida que no sea cero significa que el programa se ha bloqueado. En la próxima sección veremos cómo podemos evitar que esto suceda.

Aumento de excepciones

Intentaremos corregir nuestro código agregando una excepción. Lo que tenemos que hacer es utilizar una declaración de 'try and except' que no deje que nuestro programa se bloquee. Echemos un vistazo a cómo se hace esto.

1. Iniciar programa

2. **def** getBirthYear(): esta función está aquí para reunir el año de nacimiento del usuario.

3. **try**: - Esto iniciará la instrucción de excepción para probar el siguiente bloque de código.

4. birthYear á int(input('¿Cuál es su año de nacimiento? ')) - Guardar la entrada del usuario como un entero dentro deuna variable.

5. **impresión**(año de nacimiento)

6. **excepto** ValueError: en el caso de que recibamos un error debido a un valor, queremos ejecutar esta siguiente línea de código.

7. **imprimir**(f'Es necesario introducir un número, las palabras y los espacios no son aceptables')

8.

9.

10. getBirthYear() - Llamar a la función del año getBirthYear.

Salida del programa:

```
C:'Usuarios'...'PycharmProjects'GettingStarted'venv'Scripts'Python.exe
C:/Users/.../PycharmProjects/GettingStarted/MyFirstProgram.py
¿Cuál es tu año de nacimiento? Diecinueve ocho dos
Es necesario introducir un número, las palabras y los espacios no son
aceptables

Proceso terminado con el código de salida 0
```

La última vez que ejecutamos nuestro código, el programa se estrelló con un error de valor. En este caso, agregamos una excepción para probar primero el bloque de código, y si aparece un error de valor, para mostrar el mensaje siguiente. Si observa el código de salida en la última línea de la salida de la consola, encontrará que es un cero. No sólo informamos al usuario lo que tiene que hacer, sino que también hemos logrado detener nuestro programa de bloqueo.

Ahora de nuevo, utilizando el mismo programa vamos a ampliarlo un poco, pidiendo a nuestro usuario que ingrese los ingresos anuales. Después de eso, calcularemos la edad del usuario y dividiremos los ingresos por edad. En este primer escenario, el usuario introducirá enteros en ambos casos.

1. • Iniciar programa

2. **def** getAverageIncome(): esta función está aquí para calcular el ingreso promedio.

3. **try**: - Esto iniciará la instrucción de excepción para probar el siguiente bloque de código.

4. edad - int(input('¿Qué edad tienes? '))

   • Guardar la entrada del usuario como un entero dentro de una variable.

5. userIncome á int(input("¿Cuáles son sus ingresos anuales? ")) Guardar la entrada del usuario como un entero dentro de una variable

6. averageIncome áround(userIncome / age) #Rounding la salida para obtener un número natural.

7. (f"Ha hecho un promedio de $-averageIncome por año") - Impresión del resultado.

8. **excepto** ValueError: en el caso de que recibamos un error debido a un valor, queremos ejecutar esta siguiente línea de código.

9. **imprimir**(f'Es necesario introducir un número, las palabras y los espacios no son aceptables')

10.

11.

12. getAverageIncome() - Llamar a la función getAverageIncome.

Salida del programa:

```
C:'Usuarios'...'PycharmProjects'GettingStarted'venv'Scripts'Python.exe
C:/Users/.../PycharmProjects/GettingStarted/MyFirstProgram.py
¿Cuántos años tienes? 1982
¿Cuál es su ingreso anual? 60000
Usted ha hecho un promedio de $1622 por año

Proceso terminado con el código de salida 0
```

El programa se ha ejecutado sin errores y ha sido capaz de crear la salida deseada. Ahora, vamos a probar la adición de una cadena en nuestra nueva entrada en la línea 6. Todavía debemos obtener una excepción tal como lo hicimos antes, indicando que necesitamos introducir un número.

Salida del programa:

```
C:'Usuarios'...'PycharmProjects'GettingStarted'venv'Scripts'Python.exe
C:/Users/.../PycharmProjects/GettingStarted/MyFirstProgram.py
¿Cuántos años tienes? 1982
¿Cuál es su ingreso anual? $60,000
Es necesario introducir un número, las palabras y los espacios no son aceptables

Proceso terminado con el código de salida 0
```

Nuestro código parece estar funcionando bien, sin obtener ningún código de salida no deseado. ¿Qué pasa si el usuario entra en una edad de cero? Técnicamente, es un número, pero realmente no se puede dividir nada por cero; no tiene sentido. Veamos cómo nuestro intérprete manejaría una situación como esta.

Salida del programa:

C:'Usuarios'...'PycharmProjects'GettingStarted'venv'Scripts'Python.exe

C:/Users/.../PycharmProjects/GettingStarted/MyFirstProgram.py

¿Cuántos años tienes? 0

¿Cuál es su ingreso anual? 60000

Traceback (última llamada más reciente):

Archivo

"C:/Users/.../PycharmProjects/GettingStarted/MyFirstProgram.py", línea

12, en <module>

getAverageIncome() - Llamar a la función getAverageIncome.

Archivo

"C:/Users/.../PycharmProjects/GettingStarted/MyFirstProgram.py", línea

6, en getAverageIncome

averageIncome áround(userIncome / age) #Rounding la salida para

obtener un número natural.

ZeroDivisionError: división por cero

Proceso terminado con el código de salida 1

Como ven tenemos un nuevo tipo de error, el error de la división cero. Eso significa que necesitamos crear otra excepción para ese problema en particular. En el siguiente script, encontrará otra excepción a nuestro código.

1. • Iniciar programa

2. **def** getAverageIncome(): esta función está aquí para calcular el ingreso promedio.

3. **try**: - Esto iniciará la instrucción de excepción para probar el siguiente bloque de código.

4. edad - int(input('¿Qué edad tienes? ')) - Guardar la entrada del usuario como un entero dentro deuna variable.

5. userIncome á int(input("¿Cuáles son sus ingresos anuales? ")) Guardar la entrada del usuario como un entero dentro de una variable

6. averageIncome á round(userIncome / age) #Rounding la salida para obtener un número natural.

7. (f"Ha hecho un promedio de $-averageIncome por año") - Impresión del resultado.

8. **excepto** ValueError: en el caso de que recibamos un error debido a un valor que queremos ejecutar esta siguiente línea de código.

9. **imprimir**(f'Es necesario introducir un número, las palabras y los espacios no son aceptables')

10. **excepto** ZeroDivisionError:

11. **impresión**(f'Usted no puede tener CERO años de edad, por favor díganos cuántos años? ')

12.

13.

14. getAverageIncome() - Llamar a la función getAverageIncome.

Salida del programa:

```
C:'Usuarios'...'PycharmProjects'GettingStarted'venv'Scripts'Python.exe
C:/Users/.../PycharmProjects/GettingStarted/MyFirstProgram.py
```

¿Cuántos años tienes? 0

¿Cuál es su ingreso anual? 60000

No puede tener CERO años, por favor díganos cuántos años tiene?

Proceso terminado con el código de salida 0

Hay una leyenda urbana sobre la banca en línea que se ha rumoreado durante años entre los programadores y la industria de TI. Un hombre estaba tratando de transferir algunos fondos a la cuenta de su esposa usando su servicio de banca por Internet. Ambos tenían cuentas en el mismo banco, y él probó algo fuera de la caja. En lugar de escribir el número 500, escribió -500. Para su asombro, su cuenta era crédito con $500 que pertenecían a su esposa.

Desafortunadamente, hasta el día de hoy, no hemos sido capaces de rastrear ninguna fuente para esta historia. A pesar de todo, este es un problema que se puede resolver de una de dos maneras. O bien generar una excepción (de la manera correcta - o obtener un valor absoluto del cliente.

Traceback como una cadena

Cuando se produce un error en Python, genera información sobre cómo se produjo el error, un proceso conocido como seguimiento. Los datos generados incluyen bits de información que pueden llegar a ser útiles para comprender cómo se bloqueó el programa. La información proporcionada incluye la siguiente lista, y se llama la 'pila de llamadas':

- El mensaje de error

- El número de línea que causó el error

116

- La secuencia de funciones que causó el error

En este siguiente ejemplo, generaremos intencionalmente un error a través de un par de funciones.

1. def calculateFun():

2. addActivity()

3.

4.

5. **def** addActivity():

6. excepción('Esto no parece ser un número')

7.

8.

9. calculateFun()

Salida del programa:

```
C:'Usuarios'...'PycharmProjects'GettingStarted'venv'Scripts'Python.exe
C:/Users/.../PycharmProjects/GettingStarted/MyFirstProgram.py
Traceback (última llamada más reciente):
Archivo
"C:/Users/.../PycharmProjects/GettingStarted/MyFirstProgram.py",  línea
9, en <module>
calculateFun()
Archivo
"C:/Users/.../PycharmProjects/GettingStarted/MyFirstProgram.py",  línea
2, en calculateFun
addActivity()
```

Desde el traceback, podemos ver que el error ocurrió en la línea 9 en la función 'calculateFun()', que llama en la línea 2 a la función 'addActivity()'. A su vez, elevó la excepción en la línea 6. Mediante el uso de la devolución de llamada puede identificar el origen del error al trabajar en un programa con funciones anidadas.

Puede obtener esa información importando el módulo traceback y, a continuación, llamando al *traceback.format_exc()*. No solo eso, sino que si no desea que el programa se bloquee, puede usar una instrucción except y seguir siendo capaz de rastrear el error. Además, puede guardar la información en un archivo de registro y mantener el programa en funcionamiento. Echemos un vistazo a cómo hacerlo.

1. **importación** de seguimiento: importación del módulo de seguimiento.

2.

3. **try**: • Instrucción Try.

4. raise Exception('This is a error message.') • La excepción se ha planteado.

5. **excepto**: , excepto la declaración.

6. errorFile á open('errorInfo.txt', 'w') - Esto abrirá un archivo con la escritura desaqueos.

7. errorFile.write(traceback.format_exc()) - Esto ejecuta la función traceback y la escribe en el archivo.

8. errorFile.close() - Esto cerrará el archivo.

9. **print**('La información de rastreo se escribió en errorInfo.txt.') • Esto imprimirá el error de excepción generado.

Salida del programa:

```
C:'Usuarios'...'PycharmProjects'GettingStarted'venv'Scripts'Python.exe
C:/Users/.../PycharmProjects/GettingStarted/MyFirstProgram.py
La información de traceback se escribió en errorInfo.txt.

Proceso terminado con el código de salida 0
```

Afirmaciones

Una aserción es un error que un desarrollador opta por producir como una forma de comprobación de hechos. Al crear programas, el programador asume que ciertas variables tienen un cierto valor. Al probarlos, pequeñas cosas como un valor de una variable se pueden cambiar después de demasiadas líneas de código.

La sintaxis de una aserción es la siguiente:

i. La palabra clave assert

ii. Una condición

iii. Una cadena que se mostrará cuando la condición sea False

Por ejemplo, el siguiente programa comprobará y verá si la puerta del garaje está cerrada.

1. GarageDoor - Verdadero - Esto indica que la puerta está cerrada por tenerla como perdida.

2. • La declaración assert sigue, dándole el conocimiento de que un valor no es el previsto.

3. afirmar GarageDoor False, 'La puerta del garaje debe estar cerrada en todo momento.' • La instrucción assert se establece en False.

Salida del programa:

```
C:'Usuarios'...'PycharmProjects'GettingStarted'venv'Scripts'Python.exe
C:/Users/.../PycharmProjects/GettingStarted/MyFirstProgram.py
Traceback (última llamada más reciente):
Archivo
"C:/Users/Ramy/PycharmProjects/GettingStarted/MyFirstProgram.py",
línea 2, en <module>
afirmar GarageDoor False, 'La puerta del garaje debe estar cerrada en
todo momento.'
AssertionError: La puerta del garaje debe estar cerrada en todo momento.

Proceso terminado con el código de salida 1
```

Capítulo 10

Comentarios y Documentación

Lo creas o no, la mayoría de las veces, la gente lee el código en lugar de escribirlo. Los programadores escriben código para los usuarios y desarrolladores, incluyéndote a ti mismo. Usted se sorprendería de cuántas veces los programadores pasan por el código antiguo y descubren que no pueden entender su propia programación. Ahora, imagine cómo se sienten otras personas cuando están leyendo su código.

En muchos casos, usted se encontrará en una situación en la que sólo necesita un bloque de código que funciona y necesita adaptarlo a su propio programa. Desafortunadamente, algunas bibliotecas y programas no tienen la documentación adecuada para poner en marcha esa función en particular.

Comentar frente a código de documentación

La diferencia entre comentar y documentar normalmente no está clara para el principiante. Siempre debe pensar en su público objetivo, y esa es la principal distinción. En esencia, los comentarios describen el código. Ayuda a los desarrolladores a comprender el diseño y el propósito del código.

La documentación, por otro lado, debe adaptarse a los usuarios con información sobre la funcionalidad y el uso del propio programa. Los desarrolladores todavía tendrán que leer su documentación. Nadie realmente se sumerge en el código sin ningún tipo de descripción de lo que hace. Sin embargo, este documento no está destinado principalmente a ellos.

Comentar los conceptos básicos del código

Los comentarios se crean utilizando el hashtag "a" formalmente conocido como el signo de la libra. Esto debería ser muy breve. Toda la información a continuación se basa en las líneas guía de PEP 8 mencionadas en un capítulo anterior. Por favor visite este enlace para obtener explicaciones completas "https://pep8.org/#introduction".

Este es un ejemplo:

1. nombredemno'Nathan'

2. • Se trata de un comentario que precede a una instrucción print.

3. **imprimir**(firstName)

Basado en las pautas PEP 8, un comentario no debe exceder más de 72 caracteres. Después de que usted debe continuar con un comentario en la línea después. No se preocupe, PyCharm tiene una regla en capas en el código que le indicará si ha superado el número de caracteres. Este es un ejemplo sobre cómo se hace.

1. nombredemno'Nathan'

2. • Se trata de un comentario que precede a una instrucción print. Aquí hay una cita de monty Python "Caballero Negro:

3. "Bien, te haré por eso!" Rey Arturo: "¿Qué vas a hacer?" Caballero Negro: "¡Ven aquí!" Rey Arturo:

4. "¿Qué vas a hacer, sangrar sobre mí?".

5. **impresión**(firstName)1

Una de las mejores cosas de comentar es cómo se está utilizando para planificar y revisar su programa. Al principio del esfuerzo de escritura de código, puede considerar la planificación del código mediante comentarios. A continuación, rellene el código entre los diseños principales, ya que le ayuda a mantenerse organizado y ayuda cuando varios desarrolladores están trabajando en el código.

1. • Primer paso

2. • Segundo paso

3. • Tercer paso

Los comentarios se pueden usar para describir la intención de secciones particulares de código. Esto se hace para facilitar la búsqueda y comprensión de bloques de código que se conectan externamente o a diferentes archivos. Eso no quiere decir que describir una función localmente sea erróneo, al contrario. En realidad se alienta.

1. #Attempt para iniciar sesión mediante la entrada del usuario. Si se redirija correctamente el usuario al carrito. Si no tiene éxito el usuario de la solicitud para reintentar el

2. • Proceso de inicio de sesión

En otros casos, debe describir los algoritmos si son demasiado complicados. Otra buena razón para colocar comentarios es describir por qué usó una función, método o biblioteca sobre otro. Este es un ejemplo.

1. • Se necesitará importar el módulo cmath como números complejos en esta función.

Terminar un programa de una sola vez es muy raro, especialmente cuantas más características agregue a su aplicación. Etiquetar el código a través de comentarios ayuda a recordarle lo que es que necesita trabajar en y dónde.

1. • Tareas pendientes: añada el precio como variable global y establezca la condición para ver cuál es el precio más bajo. Elija el más bajo como el costo.

Los comentarios deben ser lo más breves posible, o tan breves como se sienta cómodo con. Aquí hay algunos consejos cuando se trata de escribir comentarios:

- Mantenga los comentarios lo más cerca posible del código que describe.

- No use formato complejo, como tablas.

- No incluya información redundante.

- Diseñe el código para comentarse a sí mismo. Facilite el lector mediante el uso de métodos simples y nombres de variables descriptivos.

Afortunadamente, 'Type hinting' es una función integrada en Python de la versión 3.5 y es bastante fácil de usar. En la mayoría de los casos, sugerirá lo que está sucediendo sin la necesidad de comentar, y se sugiere automáticamente. Aquí está un ejemplo de algunas líneas de código:

1. **def** greetingName(name: str) -> str:

2. **devolver** f"Hola "Nombre"

En la primera línea de código, el IDE ha señalado que el valor devuelto de esta salida será una cadena.

Formatos de documentación

Hay una variedad de formatos de documentación que puede usar. En la tabla, encontrará sin embargo, algunos que deberían ayudarle a elegir. La versión recomendada para principiantes es un tipo de formato llamado 'NumPi/ SciPy docstings'. En cualquier caso, puedes elegir lo que más te sientas cómodo. Sólo recuerda apegarte a uno una vez que hayas comenzado a documentar un determinado proyecto.

Tipo de formato	Descripción	Apoyado por Sphynx	Especifica ción formal	
i. Google Docstrings	La documentación de Google	Sí	No	https://github.com/google/styleguide/blob/gh-pages/pyguide.md#38-comments-and-docstrings
ii. texto reestructurado	Estándar oficial de documentación de Python (feature rich).	Sí	Sí	http://docutils.sourceforge.net/rst.html

iii. NumPi/ SciPy docstings	Una combinación de Google Docstrings & reStructured	Sí	Sí	https://numpydoc.read thedocs.io/en/latest/fo rmat.html
iv. EpyText	Una adaptación de EpyDoc	No	Sí	http://epydoc.sourcefo rge.net/epytext.html

Como se mencionó anteriormente, el enfoque principal de la documentación es ser dirigido a los usuarios. Seguramente, los proyectos vienen de diferentes maneras, formas y tamaños, pero en principio, la estructura principal de la documentación debe ser la siguiente:

```
project_root/
|
Códigofuente del proyecto/proyecto
•Documentos/
LÉAME
HOW_TO_CONTRIBUTE
CODE_OF_CONDUCT
Examples.py
```

Generalmente, los proyectos se pueden clasificar en tres tipos diferentes:

- Proyectos privados

- Proyectos compartidos

- Proyectos públicos (código abierto)

Documentación de proyectos privados

Normalmente se trata de proyectos que se usan de forma privada, destinados a uso personal y normalmente no se comparten con otros usuarios o desarrolladores. Debe agregar dos partes a la documentación normal a esta parte. El primero es un archivo de secuencia de comandos de Python llamado examles.py, y el segundo un breve resumen en el archivo Léame. Tenga en cuenta que esta documentación está pensada para el usuario, incluso si el único usuario va a ser usted mismo. Intente documentar cualquier cosa que pueda ser confusa.

Piezas recomendadas para añadir	Descripción
i. Readme	Este es un breve resumen del propósito del proyecto, junto con requisitos mínimos para su uso.
ii. examples.py	Un archivo de secuencia de comandos de Python que muestra cómo utilizar el proyecto mediante el uso de ejemplos simples.

https://realPython.com/documenting-Python-code/#documenting-your-Python-projects

Documentación de proyectos compartidos

Los proyectos compartidos son aquellos en los que colaboras con otros desarrolladores o usuarios. Pueden ser colegas en el trabajo, socios o incluso un cliente. Al documentar estos proyectos, debe ser un poco más meticuloso que la documentación de un proyecto privado. Debe tener en cuenta que otros usuarios y desarrolladores pueden necesitar comprender, y en algunos casos alterar, secciones del código que escribió. Estas son las secciones que recomendamos agregar junto con la estructura de documentación normal.

Piezas recomendadas para añadir	Descripción
i. Readme	Este es un breve resumen sobre el propósito del proyecto, junto con los requisitos mínimos de uso. Además, agregue los cambios importantes desde la versión anterior.
ii. examples.py	Un archivo de secuencia de comandos de Python que muestra cómo utilizar el proyecto mediante el uso de ejemplos simples.
iii. Cómo contribuir	Esto debería explicar cómo los nuevos contribuyentes al proyecto pueden hacerlo.

Al final del día, al igual que la codificación, obtendrá mejor en la documentación a medida que practique más y más. No se preocupe si su documentación es buena o mala. Tenerlo es definitivamente mejor que no tener ninguno.

Capítulo 11

Clases y Objetos

L as clases se utilizan en muchos lenguajes de programación, no solo en Python. Por lo tanto, si tiene algún antecedente en cualquier otro idioma, es posible que haya encontrado clases antes. Para los no iniciados, el uso de clases es definir otros tipos de datos. Hasta ahora, hemos discutido los tipos básicos de datos como cadenas, enteros, flotantes y booleanos, junto con otros un poco más complejos como listas y diccionarios. Sin embargo, estos tipos no siempre se pueden usar para modelar conceptos más complejos. Por ejemplo, pensemos en el concepto de un carro de la compra. No es un valor booleano, no una lista, y no es realmente ninguno de los tipos de datos mencionados anteriormente.

Una de las características más sólidas de las clases es el hecho de que puede crear tipos de datos verdaderamente únicos y utilizarlos como tales. En otras palabras, una vez creada una clase, puede usarla como si fuera un tipo de datos con tantas variables como desee. En nuestro primer ejemplo, crearemos una nueva clase llamada puntos de trazado.

Creación de una clase y un objeto

Una clase se puede crear colocando una instrucción determinada. Según PEP 8, las clases deben ser nombradas usando la antigua convención de nomenclatura Pascal. Pascal es un antiguo lenguaje de programación que nombró variables de la misma manera que el cammelcase, pero que hace que las letras de la primera y la siguiente palabra. Por lo tanto, si quisiera etiquetar una clase como "inicio de sesión de usuario", se llamaría "UserLogin" en lugar de "userLogin". Después de crear una clase, tendremos que empezar a crear objetos. Piense en una clase como un plano o un molde que serán tantos objetos como necesite. A continuación se muestra un ejemplo.

1. **clase** PlottingPoints: - Así es como creamos una clase.

2. **def** move(self): Definición de una función dentro de la clase que se convertirá en un método a utilizar.

3. imprimir (f'Moverlo, moverlo, moverlo! ')

4.

5. **def** draw(self): Definición de una función dentro de la clase que se convertirá en un método a utilizar.

6. • El yo

7. **imprimir**(f'Dibujar los colores del viento. ')

8. • No olvide utilizar shift+tab para salir del bloque de codificación.

Creación de un objeto

Vamos a elaborar un poco más sobre lo que es un objeto. Imagine naita como un plano para un reloj suizo. El objeto serían los cientos de relojes que son creados por esos planos. Estos relojes tienen diferentes componentes en ellos, como la manidame de la hora, la manita de los minutos, etc. Puede agregar atributos para una clase mediante una connotación de puntos y nombrándola, seguida de una asignación (consulte las líneas 12 y 13).

1. **clase** PlottingPoints: - Así es como creamos una clase.

2. **def** move(self): Definición de una función dentro de la clase que se convertirá en un método a utilizar.

3. imprimir (f'Moverlo, moverlo, moverlo! ')

4.

5. **def** draw(self): Definición de una función dentro de la clase que se convertirá en un método a utilizar.

6. • El yo

7. **imprimir**(f'Dibujar los colores del viento. ')

8.

9.

10. • Crear un objeto para nuestra nueva clase.

11. coordinate1 - PlottingPoints() - Creación de un objeto dentro de una variable llamada coordinate1.

12. coordinate1.x á 10 - Adición de un atributo a nuestro objeto.

13. coordinate1.y á 15 - Adición de otro atributo a nuestro objeto.

14. **impresión**(f'('coordinate1.x', 'coordinate1.y')')

Salida del programa:

```
C:'Usuarios'...'PycharmProjects'GettingStarted'venv'Scripts'Python.exe
C:/Users/.../PycharmProjects/GettingStarted/MyFirstProgram.py
(10, 15)

Proceso terminado con el código de salida 0
```

Como puede ver, la consola ha sido capaz de imprimir dos atributos diferentes de la misma variable. ¡Esto cambia el juego! Ya no tenemos que crear una variable diferente cada vez que necesitamos almacenar algo. Todo está en una variable compleja acogedora.

En este siguiente script, veremos dos objetos exclusivos que forman parte de la misma clase.

1. • Crear una nueva clase

2. **clase** PlottingPoints: - Así es como creamos una clase.

3. **def** move(self): Definición de una función dentro de la clase que se convertirá en un método a utilizar.

4. imprimir (f'Moverlo, moverlo, moverlo! ')

5.

6. **def** draw(self): Definición de una función dentro de la clase que se convertirá en un método a utilizar.

7. • El yo

8. **imprimir**(f'Dibujar los colores del viento. ')

9. • No olvide utilizar la pestaña shift para salir del bloque de codificación.

10.

11.

12. • Crear un objeto para nuestra nueva clase.

13. coordinate1 - PlottingPoints() - Creación de un objeto dentro de una variable llamada coordinate1.

14. coordinate1.x á 10 - Adición de un atributo a nuestro objeto.

15. coordinate1.y á 15 - Adición de otro atributo a nuestro objeto.

16. **impresión**(f('coordinate1.x', 'coordinate1.y')')

17. • Crear un segundo objeto de la misma clase.

18. coordinate2 - PlottingPoints() - El mismo método de creación de otro objeto.

19. coordinate2.x á 55 - Este es un valor diferente para un objeto diferente.

20. coordinate2.y á -6 - Adición de otro atributo al objeto de recorrido.

21. **impresión**(f('coordinate2.x', 'coordinate2.y')')

Salida del programa:

```
C:'Usuarios'...'PycharmProjects'GettingStarted'venv'Scripts'Python.exe
C:/Users/.../PycharmProjects/GettingStarted/MyFirstProgram.py
(10, 15)
```

Ahora que hemos establecido que funcionan, ¿por qué no echamos un vistazo a por qué creamos funciones dentro de nuestro objeto?

Método de objeto

Un objeto puede tener métodos, que son básicamente funciones a las que se puede llamar a petición en lugar de tener que redefinirlos cada vez. Por ejemplo, hay objetos que sabes que tendrás que imprimir una y otra vez. En lugar de depender de una función que debe llamar cada vez que necesite hacerlo, simplemente puede definirlo en una clase y agregarlo como un método. Otra gran cosa acerca de los métodos es que están incrustados en la clase y no se puede llamar si el objeto no forma parte de la clase. Esto agrega una capa de seguridad que es genial si desea evitar vulnerabilidades bien conocidas.

1. • Crear una nueva clase

2. **clase** PlottingPoints: - Así es como creamos una clase.

3. **def** move(self): Definición de una función dentro de la clase que se convertirá en un método a utilizar.

4. imprimir (f'Moverlo, moverlo, moverlo! ')

5.

6. **def** draw(self): Definición de una función dentro de la clase que se convertirá en un método a utilizar.

7. • El yo

8. **imprimir**(f'Dibujar los colores del viento. ')

9. • No olvide utilizar la pestaña shift para salir del bloque de codificación.

10.

11.

12. • Crear un objeto para nuestra nueva clase.

13. coordinate1 - PlottingPoints() - Creación de un objeto dentro de una variable llamada coordinate1.

14. coordinate1.x á 10 - Adición de un atributo a nuestro objeto.

15. coordinate1.y á 15 - Adición de otro atributo a nuestro objeto.

16. **impresión**(f'('coordinate1.x', 'coordinate1.y')')

17. • Crear un segundo objeto de la misma clase.

18. coordinate2 - PlottingPoints() - El mismo método de creación de otro objeto.

19. coordinate2.x á 55 - Este es un valor diferente para un objeto diferente.

20. coordinate2.y -6 - Adición de otro atributo a nuestro objeto.

21. **impresión**(f'('coordinate2.x', 'coordinate2.y')')

22. • Uso de métodos en nuestros objetos.

23. coordinate2.draw() - Uso de un método "draw" en el segundo objeto.

24. coordinate1.move() - Uso de un método "mover" en el primer objeto.

Salida del programa:

```
C:'Usuarios'...'PycharmProjects'GettingStarted'venv'Scripts'Python.exe
C:/Users/.../PycharmProjects/GettingStarted/MyFirstProgram.py
(10, 15)
(55, -6)
Dibujando los colores del viento.
¡Muévanse, muévanse, muévanse!

Proceso terminado con el código de salida 0
```

Como puede ver, ambos métodos hacen lo previsto y son capaces de ejecutar nuestro bloque de código simplemente usando una connotación de puntos.

Otra cosa que es útil e importante es inicializar nuestro objeto con los atributos necesarios. Esto preparará nuestra clase. Sabiendo lo que necesita esperar como resultado, será más fácil introducir información en el objeto.

1. • Crear una nueva clase

2. **clase** PlottingPoints: - Así es como creamos una clase.

3. • Adición del método de inicialización. Este es un método integrado que puede obtener agregando los dos guiones bajos.

4. **def** __init__(self, XPosition, YPosition): - También vamos a agregar dos parámetros para que podamos pasar el

5. • x Posición & y Posición en el lugar correcto.

6. propio. XPosition - XPosition

7. propio. YPosition - YPosition

8.

9. **def** move(self): Definición de una función dentro de la clase que se convertirá en un método a utilizar.

10. imprimir (f'Moverlo, moverlo, moverlo! ')

11.

12. **def** draw(self): Definición de una función dentro de la clase que se convertirá en un método a utilizar.

13. • El yo

14. **imprimir**(f'Dibujar los colores del viento. ')

15. • No olvide utilizar la pestaña shift para salir del bloque de codificación.

16.

17.

18. • Crear un objeto para nuestra nueva clase.

19. coordinate1 - PlottingPoints(200, 200) - Colocación de parámetros que alimentarán el método dentro del paréntesis.

20. **impresión**(f'(-coordenada1. XPosition, .coordinate1. YPosition)')

Salida del programa:

C:'Usuarios'...'PycharmProjects'GettingStarted'venv'Scripts'Python.exe
C:/Users/.../PycharmProjects/GettingStarted/MyFirstProgram.py
(200, 200)

Proceso terminado con el código de salida 0

Como puede ver en la línea 19, pudimos crear un nuevo objeto, así como insertar los valores de las posiciones x e y dentro de una línea. Esto hace que sea más fácil de leer. Además, solo crea las variables cuando es necesario a petición. Tomemos otro ejemplo antes de seguir adelante. En esta siguiente situación, queremos crear una nueva clase que almacene el nombre de una persona y sea capaz de saludar a esa persona a través de un método.

1. • Crear una clase

2. **clase** UserName:

3. **def** __init__(self, PersonName): ? Inicialización de variables dentro de la clase.

4. propio. PersonName : PersonName, toma de parámetros y los coloca en la variable del objeto.

5.

6. **def** Greet(self): - Definición del método Greet.

7. **impresión**(f'Bienvenido de nuevo a self. PersonName!') • Impresión de la información requerida.

8.

9.

10. user1 - UserName('Jennifer') - Crear un nuevo objeto y agregar el parámetro PersonName.

11. user1. Greet() - Llamar al método greet para el primer objeto.

12. user2 - UserName('Samantha') - Adición de un segundo objeto.

13. user2. Greet() - Llamar al método greet para el segundo objeto.

Salida del programa:

```
C:'Usuarios'...'PycharmProjects'GettingStarted'venv'Scripts'Python.exe
C:/Users/.../PycharmProjects/GettingStarted/MyFirstProgram.py
¡Bienvenido a Jennifer!
¡Bienvenido de nuevo Samantha!

Proceso terminado con el código de salida 0
```

Capítulo 12

Herencia

Este es otro mecanismo que se encuentra en la mayoría de los lenguajes de programación que admiten clases que le permiten reutilizar el código. Una de las grandes ideas en la informática generalmente es la noción de abstracción. Repetir código es redundante y difícil de mantener a largo plazo. Prevé que queremos crear dos clases, una para camionetas y otra para SUVs. Generalmente, ambos son coches y tendrán atributos similares. En lugar de repetir los atributos en ambas clases podemos hacer que hereden ciertas propiedades que ambas tienen en común.

Clase de padres

Como se ha explicado anteriormente, la clase primaria es la clase que tiene atributos correspondientes a cualquier clase secundaria. En el ejemplo siguiente, la clase primaria es la clase Cars. Esa clase tiene un atributo en común con todos los coches, y ese es el CarDrive. Como resultado de la asociación creada, las clases SUV y PickUp pueden llamar a CarDrive como método, aunque no se definen en sus clases respectivas.

1. • Crear una clase primaria (esto es exactamente como una clase normal no hay diferencia en la sintaxis.

2. **coches de** clase:

3. def CarDrive (auto):

4. **impresión**(f'Vroom vroom!')

5.

6.

7. • Creación de una clase secundaria para SUV

8. **clase** SUVs(Cars): Al agregar la clase "Cars" a la clase SUVs estamos diciendo a Python que queremos heredar el

9. • Métodos en la clase primaria.

10. **def** __init__ (auto, asientos):

11. propio. Asientos - Asientos

12.

13. def PrintSeats (auto):

14. **impresión**(f'Este SUV puede acomodar a uno mismo. Asientos')

15.

16.

17. • Creación de una clase infantil para recogidas

18. **clase** PickUp (Coches):

19. **def** __init__ (auto, tamaño):

20. propio. Tamaño - Tamaño

21.

22. **def** PrintSize(self):

23. **impresión**(f'Esta pastilla tiene un tamaño de tronco de "auto". Tamaño de los pies cuadrados.')

24.

25.

26. • Salida de un objeto en la clase Pickup.

27. car1 - PickUp(3) - Creación de objetos y adición de tamaño de tronco como parámetro.

28. car1. PrintSize() - Uso del método PrintSize único para la clase PickUp.

29. car1. CarDrive() - Uso del método CarDrive heredado de la clase Cars.

30. • Salida de un objeto en la clase SUV.

31. car2 - SUVs(5) - Adición del número de pasajeros como parámetro.

32. car2. PrintSeats() - Uso del método PrintSeats único para la clase SUVs.

33. car2. CarDrive() - Uso del método CarDrive heredado de la clase Cars.

Salida del programa:

```
C:'Usuarios'...'PycharmProjects'GettingStarted'venv'Scripts'Python.exe
C:/Users/.../PycharmProjects/GettingStarted/MyFirstProgram.py
Esta pastilla tiene un tamaño de tronco de 3 pies cuadrados.
¡Vroom vroom!
Este SUV tiene capacidad para 5 personas
¡Vroom vroom!

Proceso terminado con el código de salida 0
```

Clase infantil

Una clase secundaria tiene la capacidad de heredar atributos de su clase primaria agregando el nombre de la clase primaria entre paréntesis mientras la declara. Además, la clase secundaria tiene la capacidad de tener sus atributos únicos. Una cosa que debe tener en cuenta es que Python solo permitirá una clase secundaria si la clase secundaria tiene un atributo único. Si simplemente agrega el nombre de la clase primaria entre paréntesis sin ningún atributo único, se producirá un error.

1. #Creating una clase primaria (esto es exactamente como una clase normal; no hay diferencia en la sintaxis).

2. **coches de** clase:

3. def CarDrive (auto):

4. **impresión**(f'Vroom vroom!')

5.

6.

7. • Creación de una clase para SUV

8. **clase** SUVs(Cars): Al agregar la clase "Cars" a la clase SUVs estamos diciendo a Python que queremos heredar el

9. • Ningún atributo único dará lugar a un error.

Salida del programa:

```
C:'Usuarios'...'PycharmProjects'GettingStarted'venv'Scripts'Python.exe
C:/Users/.../PycharmProjects/GettingStarted/MyFirstProgram.py
Archivo
"C:/Users/.../PycharmProjects/GettingStarted/MyFirstProgram.py", línea
10

^

SyntaxError: EOF inesperado durante el análisis

Proceso terminado con el código de salida 1
```

A veces, como programadores, nos gusta construir el diseño general del programa antes de rellenar funciones, clases y demás. Si hay un caso en el que necesite hacerlo, simplemente use la instrucción pass en el bloque de clases secundarias.

1. • Crear una clase primaria (esto es exactamente como una clase normal no hay diferencia en la sintaxis.

2. **coches de** clase:

3. def CarDrive (auto):

4. **impresión**(f'Vroom vroom!')

5.

6.

7. • Creación de una clase para SUV

8. **clase** SUVs(Cars): al agregar la clase "Cars" a la clase SUVs estamos diciendo a Python que queremos heredar el

9. **aprobar: la declaración de** apaso le pedirá al intérprete que descuide esta línea y continúe.

C:'Usuarios'...'PycharmProjects'GettingStarted'venv'Scripts'Python.exe
C:/Users/.../PycharmProjects/GettingStarted/MyFirstProgram.py

Proceso terminado con el código de salida 0

Capítulo 13

Módulos

Los módulos son básicamente archivos con código Python en ellos, y usamos el módulo para organizar el código en varios archivos. Esta es una manera de mantener su código limpio y bien clasificado. Al igual que cuando entramos en una farmacia y encontramos que tienen todos sus medicamentos colocados en diferentes cajones; hacemos lo mismo en Python. Nadie quiere tener un mega archivo 'app.py' con todas nuestras funciones y clases. Lo que hacemos en su lugar es simplemente dividir las partes pertinentes en archivos individuales. Piense en lo mucho más productivo que sería mientras trabaja con un equipo. Además, lo mucho más fácil que es mantener el programa en su conjunto; si necesita actualizar sus funciones de pago, sólo tendría que extraer ese módulo en particular (archivo) y actualizarlo. Además, dado que Python es un lenguaje de código abierto, puede reutilizar y adaptar módulos con una simple instrucción de importación.

Creación de un módulo

Como se mencionó anteriormente, un módulo es simplemente un archivo. Por lo tanto, para empezar a crear un módulo, simplemente necesitamos crear un archivo. Para ello, maximizaremos la ventana de herramientas del proyecto, que es el panel izquierdo en la interfaz de

PyCharm. Ahora vamos a crear un nuevo archivo haciendo clic derecho en nuestra carpeta del proyecto y seleccionando 'Nuevo', luego haciendo clic en 'Archivo'. En este punto tenemos que dar a nuestro archivo un nombre seguido de la extensión punto py (ejemplo: 'convert.py'). Recuerde que las reglas de nomenclatura generales todavía se aplican; no agregue espacios, caracteres especiales ni nombres reservados. En nuestro ejemplo, vamos a crear un módulo que tendrá la capacidad de convertir valores del sistema empírico al sistema métrico.

convert.py

1. def mi2KM(millas):

2. **ida** y vuelta (millas * 1.609344) #Rounding hasta los kilómetros calculados y devolviendo el valor.

3.

4. def km2MI(KM):

5. **ronda de retorno** (KM/1.609344)

#Rounding las millas calculadas y devolviendo el valor.

Eso es básicamente. Acaba de crear un módulo, y ya no tiene que preocuparse por nada en este archivo. Sólo recuerde agregar sólo funciones para las conversiones en este archivo.

Uso de un módulo

En capítulos anteriores, importamos otros módulos integrados como 'matemáticas'. Para poder crear tu nuevo módulo, sigue los mismos pasos. Sólo que esta vez, escriba 'import convert' en lugar de 'import math.' Tenga en cuenta que dejamos fuera la extensión de archivo '.py' al importar el módulo.

MyFirstProgram.py

1. **importación** de conversión - Importación del módulo de conversión.

2.

3. **print**(convert.km2MI(200)) - Impresión del resultado de la conversión.

4. **print**(convert.mi2KM(40)) - Impresión del otro resultado de la conversión.

Salida del programa:

```
C:'Usuarios'...'PycharmProjects'GettingStarted'venv'Scripts'Python.exe
C:/Users/.../PycharmProjects/GettingStarted/MyFirstProgram.py
124
64

Proceso terminado con el código de salida 0
```

Cambiar el nombre de un módulo

Cambiar el nombre de un módulo es bastante simple y sólo tomará una línea de código. Utilizamos este tipo de práctica cuando sabemos que un determinado nombre de módulo confundirá a los desarrolladores en un programa. Supongamos que está creando un programa que utiliza la etiqueta 'matemáticas' con frecuencia. Podría ser una plataforma de aprendizaje para los niños donde practican ecuaciones matemáticas, por ejemplo. De todos modos, decideque le gustaría cambiar el nombre del módulo de matemáticas que va a importar. Eso se puede hacer simplemente agregando la palabra 'as' seguida del nuevo nombre que desea usar.

1. **importar** matemáticas como moo - Importación del módulo de matemáticas y renombrando a moo.

2. c á 2 * moo.pi * 10 - Cálculo de la circunferencia de un círculo.

3. (c) - Impresión del resultado.

Salida del programa:

```
C:'Usuarios'...'PycharmProjects'GettingStarted'venv'Scripts'Python.exe
C:/Users/.../PycharmProjects/GettingStarted/MyFirstProgram.py
62.83185307179586

Proceso terminado con el código de salida 0
```

Módulos incorporados

Hay una gran cantidad de módulos, y se actualiza constantemente y se integra en Python. Aquí hay una hoja de trucos que está disponible con la documentación en este enlace "https://docs.Python.org/3/py-modindex.html".

A medida que avance en sus habilidades de programación y construya programas complejos, estos módulos le harán la vida más fácil. No hay absolutamente ninguna necesidad de reinventar la rueda si la comunidad ya le ha dado mucho para trabajar con.

Una cosa que debe tener en cuenta es la estructura del programa en su conjunto. Cualquier programa no trivial probablemente tendrá tres tipos de módulos.

149

- El archivo de nivel superior: Este es el archivo principal que se utiliza para ejecutar todo el script y para iniciar la aplicación principal.

- Módulos definidos por el usuario: son módulos creados por el desarrollador para un uso específico en la aplicación.

- Módulos de biblioteca estándar: son módulos integrados en Python y no forman parte del ejecutable en sí (su programa), sino pertinentes para la biblioteca estándar de Python.

La forma en que se deben crear programas complejos consistiría en el archivo de nivel superior, que luego llama al módulo definido por el usuario. Los módulos estándar de Python deben llamarse dentro de los definidos por el usuario. La figura siguiente no constituye la forma en que debe diseñar la estructura de su programa, sino que es simplemente un ejemplo de cómo funcionan los programas sofisticados.

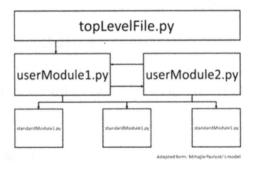

Adapted form: Mihajlo Pavloski's model

Importación desde módulo

Hay casos en los que no es necesario importar módulos completos, solo funciones específicas en el módulo. Hacer eso es simple. Usaremos una sintaxis ligeramente diferente. Esto importa la propia función como si se definiera en el mismo archivo. No hay necesidad de una notación de puntos en este caso.

1. **de** convertir **la importación** mi2KM - Importación de una función específica desde otro módulo.

• Imprimir el resultado de nuestra función.

2. **print**(mi2KM(200)) - Observe que se llama a la función como si estuviera definida en el mismo archivo.

Salida del programa:

```
C:'Usuarios'...'PycharmProjects'GettingStarted'venv'Scripts'Python.exe
C:/Users/.../PycharmProjects/GettingStarted/MyFirstProgram.py
322

Proceso terminado con el código de salida 0
```

Capítulo 14

Web Scraping

E l raspado web es un término que se puede utilizar para significar que un programa está en línea y comienza a realizar acciones. Podría ser tan simple como abrir un navegador o tan complejo como el algoritmo de desguace de Google que nos da las respuestas a todo. Hay algunos módulos que podemos importar y hacer nuestra vida más fácil al realizar acciones relacionadas con la web.

- Solicitudes: Descarga archivos y páginas de la web.

- Webbrowser: abre el explorador a una dirección URL específica.

- Hermosa sopa: Es capaz de analizar (interpretar) HTML.

Paquete Webbrowser

El primer módulo que exploraremos es el más simple. Sólo abre una URL para usted. Eso es todo. Muchas aplicaciones ejecutan este tipo de comando una vez que se instala un programa o desinstalar uno. En algunos casos, los necesitará si desea referir a su usuario a un enlace web. Aquí hay un ejemplo de cómo se hace, y resultará en la apertura del explorador predeterminado a la dirección URL.

1. **importar** webbrowser : Importación del módulo de navegador web.

2.

3. webbrowser.open('http://www.example.com') - Uso del método open para iniciar el navegador y navegar a la URL.

Ahora, seamos un poco más creativos. En este siguiente caso, crearemos un programa que tomará la dirección del usuario y la añadirá a un enlace de Google Maps. De esta manera, el navegador se abrirá automáticamente a la dirección de Google Maps de la persona. La única razón por la que podemos hacer esto es porque Google configura su consulta de búsqueda en la propia URL. Si abres un navegador y escribes 'https://maps.google.com/place/Barcelona' o en cualquier otro lugar que desees, Google lo hará por ti.

Para lograrlo, primero tendremos que instalar un paquete llamado 'pyperclip 1.7.0'. En el menú de herramientas de ejecución, haga clic en la pestaña del terminal en la parte inferior. Ahora escriba este comando: 'pip install pyperclip'

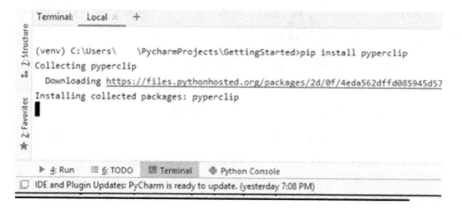

Espere a que aparezca el mensaje de "descargar correctamente" y haga clic en la pestaña de ejecución que está a la izquierda. Ahora echemos un vistazo al código necesario para lograr esto.

1. **importación** webbrowser, sys, pyperclip

2.

3. dirección-entrada('Por favor, escriba su dirección: ') - Obtener dirección utilizando una instrucción de entrada.

4. **si** len(address) < 1: - Comprobación para ver si se ha escrito algún carácter.

5. dirección: pyperclip.paste() - Obtener la dirección del portapapeles.

6.

7. webbrowser.open('https://www.google.com/maps/place/' + dirección) - Apertura del navegador con la dirección.

El programa funciona de una manera muy sutil. Después de importar los módulos necesarios, se inicia solicitando al usuario una dirección. Podríamos simplemente pasarlo al método webbrowser.open(), y lo hará por usted si realmente escribe una dirección. Pero, ¿dónde está la diversión en eso? Por lo tanto, en su lugar, tenemos una simple instrucción if que comprueba si la longitud de los caracteres es menor que uno. Si es así, entonces sabemos que el usuario no escribió la dirección, y tomamos la dirección en el portapapeles.

Para este próximo ejercicio, tendremos que instalar otro módulo el 'solicitudes 2.22.0'. Para ello volveremos a abrir el terminal y escribiremos el siguiente comando 'pip install requests'. Una vez que le ha notificado que se ha instalado correctamente, estamos en el negocio.

1. solicitudes de importación

2.

3. res - requests.get('https://filingSystem.com/myTextFile.txt') - Descargar el archivo de texto

4. **print**(res.text[:250]) - Impresión de la información dentro del archivo de texto.

Salida del programa:

```
C:'Usuarios'...'PycharmProjects'GettingStarted'venv'Scripts'Python.exe
C:/Users/.../PycharmProjects/GettingStarted/MyFirstProgram.py
Este es un archivo de texto disponible en línea para probar el módulo de solicitudes.

Proceso terminado con el código de salida 0
```

Hermosa sopa

Antes de que podamos desmontar la web necesitaremos conocer un HTML básico. HTML significa lenguaje de consulta de marcado que es un lenguaje utilizado para diseñar sitios web. Aquí hay algunos enlaces que pueden ayudarle a aprender HTML.

i. https://developer.mozilla.org/en-US/learn/html/

ii. https://w3schools.com

iii. https://khanacademy.org

Aquí hay algunos conceptos básicos que puede usar por ahora. Este lenguaje ha ganado popularidad a lo largo de los años noventa y comenzó a ganar un verdadero impulso a principios del milenio. A diferencia de Python, este lenguaje de marcado estructura principalmente y coloca elementos estéticos de la página web. El mayor poder de HTML es que permite que la mayoría de los otros lenguajes manipulen esos elementos. Normalmente, encontrará que la mayoría de los sitios web tienen una mezcla de HTML, Hojas de Estilo en Cascada (CSS), JavaScript y otro lenguaje de aplicación como PHP, Ruby, Visual Basic y así sucesivamente.

Utilice su navegador para ver el código detrás de cualquier sitio web. En el ejemplo siguiente, estamos viendo el motor de búsqueda de Google. No dejes que eso te asuste; no necesitamos aprender el idioma, sólo sus conceptos básicos. Sin embargo, sería beneficioso si lo aprendes eventualmente.

Un archivo HTML siempre viene con algunas etiquetas principales. La primera es una etiqueta <HTML>, seguida de una etiqueta <head> y una etiqueta <body>. Una estructura normal de la página web debe tener un aspecto similar al siguiente:

```
<html>

    <cabeza>

        <título> Mi página web</título>

    </head>

    <cuerpo>

        <h1> Magnífico</h1>

        <p> Un sitio web completamente <em>inútil</em> sin
        ningún propósito lo que nunca.

    </p>

    </cuerpo>

</html>
```

Puede ver el código de una página HTML haciendo clic con el botón derecho en cualquier página web y seleccionando el elemento 'ver código fuente'. Hay otras herramientas que puede utilizar, como las herramientas de desarrollo del navegador. Quizá necesitemos usar esto en un rato. Sin embargo, por ahora, seguiremos adelante. Una cosa que debe saber en este punto es que todos los lenguajes de marcado se representan en el explorador. Mientras tanto, otros programas como Python se representan en el servidor. Esto significa que los usuarios comunes no tienen acceso al código fuente de la aplicación Python.

Ahora comenzaremos a usar Beautiful Soup importándola a través del botón de terminal en las ventanas de la herramienta Ejecutar en la parte inferior de la página. A continuación, tendremos que escribir el comando 'pip install bs4'.

1. importa bs4, solicita la importación de sopas y solicitudes hermosas.

2.

3. res - requests.get('http://dw.com') - Obtención deinformación del sitio web de DW.

4. res.raise_for_status()

5. • Pasar información a una variable

6. WebText á bs4. BeautifulSoup(res.text, features-"html.parser") - Si no agrega el segundo parámetro, producirá una advertencia.

Salida del programa:

```
C:'Usuarios'...'PycharmProjects'GettingStarted'venv'Scripts'Python.exe
C:/Users/.../PycharmProjects/GettingStarted/MyFirstProgram.py

Proceso terminado con el código de salida 0
```

Ahora que hemos seleccionado nuestra página, tenemos algunas opciones para elegir. La siguiente tabla representa las funciones y métodos que puede utilizar con Beautiful Soup.

Seleccionar método	Descripción
soup.select('div')	Seleccionará todas las etiquetas de división en la página.
soup.select('#main')	Seleccionará el elemento con un id de 'main'.
soup.select('.layoutx')	Seleccionará todos los elementos que utilicen la clase CSS de '.layoutx'
soup.select('div p')	Seleccionará todos los elementos de párrafo dentro de una división.
soup.select('div > p')	Seleccionará todos los elementos de párrafo que están directamente dentro de un div.
soup.select('input[price]')	Seleccionará todos los elementos de entrada que tengan un valor de 'precio'.
soup.select('input[type'"button"]')	Seleccionará el elemento de entrada con un tipo de botón.

En este siguiente ejemplo, usaremos el método select para buscar un elemento canvas dentro de un archivo html local.

1. importación bs4

2.

3. file á open('index.html') - Abrir un archivo html en el directorio raíz

4. fileRead á bs4. BeautifulSoup(file.read(),features-"html.parser") ? Analizando la información en el archivo.

5. elemento : fileRead.select('p canvas') - Búsqueda de un elemento canvas dentro deun párrafo.

6. print(elemento)

Salida del programa:

```
[<canvas id-"mycanvas"></canvas>]

Proceso terminado con el código de salida 0
```

En este programa, importamos el módulo Beautiful Soup para abrir un archivo html existente en el ordenador. Luego copiamos el objeto en una variable para que podamos acceder a él. Tenga en cuenta que si no agrega el parámetro features, se le pedirá un error. Finalmente, hacemos una selección específica sobre lo que queremos encontrar.

Capítulo 15

Uso de Hojas de Cálculo CSV y Excel

Uno de los trucos que definitivamente debe aprender desde el principio es cómo manipular y alterar archivos CSV utilizando cualquier lenguaje de programación. Con el tiempo, la mayoría de los programadores aprenden a hacerlo de la manera difícil, ya que es una herramienta tan importante en el entorno profesional. Ser capaz de manipular hojas de cálculo es una gran ventaja que definitivamente debe dominar.

CSV significa valores separados por comas. Se trata de un archivo de texto sin formato que separa sus valores con comas. Tendremos que instalar un módulo especial para que podamos utilizar y acceder a la información en un archivo CSV. Cada línea del archivo representa una fila, mientras que cada celda está separada por una coma. Aquí hay un ejemplo a continuación. Puede copiarlo y pegarlo en el bloc de notas y, a continuación, guardarlo como 'ShopList.csv'. Ahora, copie el archivo dentro de la carpeta de su proyecto.

12/14/2019, Adaptadores inalámbricos,21

12/15/2019,Teclados,66

12/16/2019,RAM,15

12/17/2019,Impresoras,7

12/18/2019,Puntos de acceso,9

12/19/2019,Monitores,6

Los archivos CSV no son hojas de cálculo de Excel. Hay muchas cosas que este tipo de archivo no puede hacer. La siguiente lista tiene algunas características que no existen en los archivos CSV:

- Es posible que no tenga imágenes o gráficos incrustados.

- No puede especificar el ancho y alto de las celdas.

- Es posible que no combine celdas.

- No tiene varias hojas de trabajo.

- No tiene valores de tipo diferentes (siempre es una cadena).

- No tiene ajustes para el tamaño o el color de la fuente.

1. **importar** csv: importación del módulo CSV.

2.

3. file1 á open('Book1.csv') - Abrir el archivo CSV y cargarlo en una variable.

4. file1Reader á csv.reader(file1) #Reading el archivo y guardarlo en una variable.

5. exampleData á list(file1Reader) - Colocación de contenido de fila en una variable de lista.

6. **imprimir**(exampleData) - Impresión de toda la lista dentro del archivo CSV.

Salida del programa:

C:'Usuarios'...'PycharmProjects'GettingStarted'venv'Scripts'Python.exe
C:/Users/.../PycharmProjects/GettingStarted/MyFirstProgram.py
[['12/14/2019', 'Wireless Adapters', '21'], ['12/15/2019', 'Keyboards', '66'], ['12/16/2019', 'RAM', '15'], ['12/17/2019', 'Printers', '7'], ['12/18/2019', 'Access Points', '9'], ['12/19/2019', 'Monitors', '6'], [',',', ''], ''], '', '', '',']]]

Proceso terminado con el código de salida 0

En este siguiente ejemplo, extraeremos la información del archivo CSV e imprimirla, cada fila en una línea propia. La mejor manera de lograr esto es usando un 'for loop' ya que se ocupa de las cuerdas con bastante comodidad.

1. **importar** csv: importación del módulo CSV.

2.

3. file1 á open('Book1.csv') - Abrir el archivo csv y cargarlo en una variable.

4. file1Reader á csv.reader(file1) #Reading el archivo y guardarlo en una variable.

5. **para** fila **en** file1Reader: - Un 'for loop' para generar todos los datos en el archivo CSV.

6. **print**(f'Row' str(file1Reader.line_num)' ástr(row)')? Imprimir el número defila **y** los datos dentro de cada fila.

163

Salida del programa:

```
C:'Usuarios'...'PycharmProjects'GettingStarted'venv'Scripts'Python.exe
C:/Users/.../PycharmProjects/GettingStarted/MyFirstProgram.py
Fila n.o 1 ['12/14/2019', 'Adaptadores inalámbricos', '21']
Fila n.o 2 ['12/15/2019', 'Teclados', '66']
Fila n.o 3 ['12/16/2019', 'RAM', '15']
Fila n.o 4 ['12/17/2019', 'Impresoras', '7']
Fila 5 ['12/18/2019', 'Puntos de acceso', '9']
Fila n.o 6 ['12/19/2019', 'Monitores', '6']

Proceso terminado con el código de salida 0
```

En algunos casos, encontrará que necesita escribir datos en un CSV. Los datos son accesibles como listas en la mayoría de los programas, y queremos mantener un archivo CSV para otros fines como hacer copias de seguridad de ellos o enviar una copia a un cliente. Esto es lo que tenemos que hacer.

1. **importación** csv - Importación del módulo csv

2.

3. outputCSV - open('Backup.csv', 'w', newline ") - Apertura del archivo desalida, con privilegios de escritura.

4. writerCSV - csv.writer(outputCSV) - Identificación de la variable donde el módulo debe escribir.

5. writerCSV.writerow(['Salt', 'Paprika', 'Oregano', 'Pepper']) - Escribir la primera línea de valores.

6. writerCSV.writerow(['Orange', 'Apple', 'Strawberry', 'Pear']) - Escribir la siguiente fila de valores.

7. outputCSV.close() - Cierre del archivo CSV.

Salida del archivo Backup.csv:

Sal, Paprika, Oregano, Pepper

Naranja, Manzana, Fresa, Pera

El script anterior importa el módulo CSV, luego abre el archivo con privilegios de escritura pasando el 'w' y agrega el nuevo argumento de línea. La razón por la que agregamos el nuevo argumento de línea es que si no se agrega por sí solo. Al ejecutar ventanas, encontrará que los datos tienen un doble interrupción. Por lo tanto, una fila de datos, seguida de una fila vacía, seguida de otra fila de datos, etc. Si lo hace, creará el objeto donde desee, que puede usar para escribir los datos. El método 'writerow' tomará un argumento de lista y colocará cada uno en su propia celda, así como en la nueva línea.

A veces, como programadores o personal de TI, se nos dan tareas mundanas que simplemente consumen mucho tiempo y están por debajo de nuestro nivel de habilidad. Por ejemplo, solicitar la eliminación de los encabezados de cientos de archivos CSV. Este es el tipo de tarea que hace que la gente quiera quede sin trabajo y afirmar que nunca estuvieron allí. Por suerte para nosotros, podemos automatizar ese proceso usando unas pocas líneas de código.

En este siguiente ejemplo, vamos a suponer que hay un número indefinido de archivos CSV. El jefe te ha pedido que elimines los encabezados de todos ellos. Podemos hacerlo usando un script como el de abajo.

1. **importación** csv, os

2.

3. • Esto creará un directorio de archivos donde se guardarán las nuevas copias.

4. os.makedirs('RemovingFirstRow', exist_ok-True)

5.

6. • Esto creará un bucle que comprobará cada archivo en el directorio actual.

7. **para** csvFile **en** os.listdir('.'):

8. **si no** csvFile.endswith('.csv'):

9. **continuar:** omita los archivos que no sean csv

10. **imprimir**(f'Eliminar la primera fila de 'csvFile'...') - Imprimir el mensaje para el usuario.

11.

12. #Reading el archivo CSV.

13. csvRows á [] - Creación de una variable de lista.

14. csvFileInstance á open(csvFile) - Abrir el archivo CSV.

15. csvReader á csv.reader(csvFileInstance) - Creación de un objeto de lector para usarlo en el bucle.

16. **para** fila **en** csvReader: - Un bucle para ir a través de cada línea en el CSV

17. **si** csvReader.line_num 1: el lector no hará nada si es la primera línea de código.

18. **continuar** - Omitir primera fila

19. csvRows.append(row): el lector anexará cualquier línea que no sea la primera línea.

20. csvFileInstance.close() - Cierre del archivo.

21.

22. • Escribir los archivos CSV de reemplazo.

23. csvFileInstance á open(os.path.join('headerRemoved', csvFile), 'w',newline") ? Establecer el nombre de archivo de escritura y el directorio con privilegios de escritura y agregar elargumento newline para evitar espacios dobles.

24. csvWriter á csv.writer(csvFileInstance) - Escritura en el objeto.

25. **para** fila **en** csvRows:

26. csvWriter.writerow(row) - Escribir los cambios en el archivo.

27. csvFileInstance.close()

Salida del programa:

```
C:'Usuarios'...'PycharmProjects'GettingStarted'venv'Scripts'Python.exe
C:/Users/.../PycharmProjects/GettingStarted/MyFirstProgram.py
Eliminación de la primera fila de las listas de clase de grado 1 2019-
2020.csv...
Eliminación de la primera fila de Las listas de clase sóloc.n 2019-
2020.csv...
```

Eliminación de la primera fila de Las listas de clase sórtelos de grado 3 2019-2020.csv...

Eliminación de la primera fila de Las listas de clase de grado 4 2019-2020.csv...

Eliminación de la primera fila de Las listas de clase de grado 5 2019-2020.csv...

Eliminación de la primera fila de Las listas de clase sorte6 2019-2020.csv...

Eliminación de la primera fila de Las listas de clase sordel grado 7 2019-2020.csv...

Eliminación de la primera fila de Las listas de clases de grado 8 2019-2020.csv...

Eliminación de la primera fila de Las listas de clase de grado 9 2019-2020.csv...

Eliminación de la primera fila de las listas de clase de grado 10 2019-2020.csv...

Eliminación de la primera fila de las listas de clase de grado 11 2019-2020.csv...

Proceso terminado con el código de salida 0

En este programa, comenzamos importando los módulos 'csv' y 'os'. El módulo 'os' se utiliza para que pueda realizar acciones del sistema operativo como la búsqueda de carpetas, la creación de carpetas y así sucesivamente. Se considera una buena práctica hacer copias de los archivos que está manipulando en lugar de modificar los que tiene.

Sólo por esa razón, lo primero que haremos es crear un nuevo directorio utilizando el módulo 'os'. En la línea 3, encontrará el método os.makedirs() – abreviatura de make directories - con dos parámetros en él. El primer parámetro es el nombre del directorio (carpeta) y el otro parámetro es comprobar si existe un directorio. Esto es para evitar recibir un mensaje de error por parte del programa. Simplemente le estamos diciendo al intérprete que si el archivo ya existe, entonces no haga nada.

En la línea 6, tenemos un 'for loop' para determinar cuáles de nuestros archivos son CSV y cuáles no. Usamos el método de os.listdir(), y agregar un punto te llevará solo a mitad de camino. Es por eso que agregamos una instrucción if para comprobar si se trata de un archivo CSV. Si no es así, el ordenador simplemente terminará sin hacer nada. A continuación, se muestra un mensaje descriptivo para indicar al usuario que los archivos se están procesando, identificando qué archivos exactamente en cada ciclo en el bucle.

El siguiente bloque de código comienza en la línea 13, donde comenzamos a leer los archivos que están en el directorio raíz y de hecho son archivos CSV. En la línea 14, creamos una variable para almacenar toda nuestra información. Seguimos abriendo el archivo CSV que se está inspeccionando respectivamente a su giro en el bucle. A continuación, leemos los datos y los colocamos en una variable utilizando el método csv.read(). Ahora que tenemos el archivo listo para nosotros, crearemos otro bucle que leerá todas las filas dentro del archivo CSV y anexará esas filas.

El bloque final de código que comienza en la línea 23 implica escribir la información recopilada en el nuevo archivo. Al igual que leer el archivo, tendremos que abrir nuestro archivo CSV con privilegios de escritura y finalmente escribir todas las filas en el nuevo archivo.

Instalación del módulo Openpyxl

Como se ha discutido anteriormente, hay un montón de módulos de terceros, también conocidos como paquetes. En esta sección, vamos a cavar un poco más profundo y utilizar uno de los paquetes de Python más populares. Los CSV son archivos simples de fácil acceso, apertura y uso. Sin embargo, el uso de Excel siempre será superior debido a toda la funcionalidad y estética que proporciona.

Para instalar el módulo Openpyxl, necesitamos descargarlo desde este enlace 'https://pypi.org/'. Primero tendremos que buscar Openpyxl en la barra de búsqueda. En este libro, estamos usando Openpyxl versión 2.6.3. Se recomienda utilizar la misma versión para poder seguir las instrucciones. Haga clic en el enlace que dice Openpyxl 2.6.3 y mire la esquina superior izquierda de la página web. Allí estará el nombre del paquete junto con un comando install a continuación. Cópialo.

A continuación, tenemos que escribir o pegar ese comando en una ventana de terminal. Usted será capaz de encontrar que dentro de pyCharm como una pestaña en la 'Ventana de la herramienta Ejecutar' en la parte inferior.

This one

Una vez que tenga el terminal abierto, lo que tendremos que hacer es pegar el comando que vimos en la página web. Sea paciente porque esto puede tomar algún tiempo dependiendo de su velocidad de Internet.

Una vez que haya terminado, volverá a solicitar el comando terminal. Esto significa que ahora puede utilizar este módulo, al igual que los módulos integrados de Python.

Acceso y modificación de documentos de Excel

En este capítulo, exploramos cómo lidiar con hojas de cálculo de Excel a través de Python. En esta primera sección, aprenderemos cómo cargar archivos de Excel y leer hojas y celdas específicas. Encuentra debajo del contenido del archivo original:

rango	Nombre de la película	Bruto mundial (USD)
1	Titanic (1997)	1,845,034,188
2	El Señor de los Anillos: El Regreso del Rey (2003)	1,129,219,252
3	Piratas del Caribe: Cofre del Hombre Muerto (2006)	1,060,332,628
4	Harry Potter y la piedra de Philospher (2001)	976,475,550
5	Piratas del Caribe: Al fin del mundo (2007)	954,782,262
6	Star Wars Episodio I: La amenaza fantasma (1999)	924,300,000
7	El Señor de los Anillos: Las Dos Torres (2002)	921,600,000
8	Shrek 2 (2004)	920,665,658
9	Parque Jurásico (1993)	914,700,000
10	Harry Potter y el éblet a fuego (2005)	892,194,397
11	Spider-Man 3 (2007)	890,065,018
12	Harry Potter y la Cámara de los Secretos (2002)	876,700,000
13	Harry Potter y la Orden del Fénix (2007)	872,646,000
14	El Señor de los Anillos: La Comunidad del Anillo (2001)	871,368,364

15	Finding Nemo (2003)	864,625,978
16	Star Wars Episodio III: La venganza de los Sith (2005)	850,000,000
17	Spider-Man (2002)	821,708,551
18	Día de la Independencia (1996)	817,000,000
19	E.T. el Extraterrestre (1982)	792,900,000
20	Harry Potter y el prisionero de Azkaban (2004)	789,804,554

1. **import** openpyxl as xl - Esto importa el módulo openpyxl y añade un alias de xl.

2.

3. workBook á xl.load_workbook('movies.xlsx') ? Cargar el archivo de Excel

4. hoja de trabajo['Sheet1'] - Carga de la hoja específica. Si no identifica la hoja, se producirá un error.

5. celda á hoja['B2'] - Acceso a una determinada celda. Una vez más es sensible a mayúsculas y minúsculas.

6. celda: sheet.cell(2, 2) - Esto le dará exactamente el mismo valor que la línea 5.

7. **imprimir**(cell.value) - Imprimir el valor de la celda.

Salida del programa:

```
C:'Usuarios'...'PycharmProjects'GettingStarted'venv'Scripts'Python.exe
C:/Users/.../PycharmProjects/GettingStarted/MyFirstProgram.py
Titanic (1997)

Proceso terminado con el código de salida 0
```

En el script anterior, comenzamos importando el módulo openpyxl y dándole un alias. Esto se hace normalmente para facilitar la escritura de código. Por lo tanto, en lugar de tener que escribir 8 caracteres sólo necesitará dos. Luego continuamos cargando el libro de trabajo como un objeto en una variable, usando el método 'load_workbook' con el nombre de archivo de la hoja de Excel entre comillas dobles. Tenga en cuenta que el nombre del archivo distingue mayúsculas de minúsculas, por lo que la comprobación doble y triple de que tiene ese derecho, a menos que le gusten los errores.

Puesto que tenemos el libro de trabajo cargado, ahora guardamos una hoja específica en otra variable como un objeto – de nuevo, distingue mayúsculas de minúsculas. En la línea 5 estamos llamando a una celda determinada colocando las coordenadas de celda entre comillas dobles, y sí, lo adivinó, 'sensible a mayúsculas y minúsculas'. La línea 6 hace exactamente lo mismo que la línea 5, pero utiliza coordenadas numéricas en lugar de las alfanuméricas. Por último, la línea 7 imprimirá los valores de una celda determinada en la consola.

Seguiremos usando el mismo ejemplo, pero esta vez leeremos todo el contenido de una columna determinada. A continuación, manipularemos los valores y los devolveremos en una columna diferente, guardándolos también en un archivo completamente diferente para que no realicemos ningún cambio en el original.

1. **import** openpyxl as xl - Esto importa el módulo openpyxl y añade un alias de xl.

2.

3. workBook á xl.load_workbook('movies.xlsx') ? Cargar el archivo de Excel

4. hoja de trabajo['Sheet1'] - Carga de la hoja específica. Si no identifica la hoja, se producirá un error.

5. celda á hoja['B2'] - Acceso a una determinada celda. Una vez más es sensible a mayúsculas y minúsculas.

6. celda: sheet.cell(2, 2) - Esto le dará exactamente el mismo valor que la línea 5.

7. **imprimir**(f'El número de filas de esta hoja es, .sheet.max_row ')? .

8. **para** fila **en** rango(2, sheet.max_row + 1): ? Bucle de todas las filas de la hoja ignorando la primera.

9. celda: sheet.cell(row, 3) - Esto guardará la información de la celda en una variable y cambiará con cada bucle.

10. corregidoGross - cell.value / 100000000

11. **print**(f'Modificación del valor original de "cell.value' a "') - Imprimir el valor de cada celda.

12. CorrectedGrossCell á sheet.cell(row, 4) - La ubicación de las nuevas coordenadas en la cuarta fila.

13. CorrectedGrossCell.value á correctedGross

14.

15. workBook.save('NewMovies.xlsx') - Guardar los datos en un nuevo archivo.

Salida del programa:

```
C:'Usuarios'...'PycharmProjects'GettingStarted'venv'Scripts'Python.exe
C:/Users/.../PycharmProjects/GettingStarted/MyFirstProgram.py
El número de filas en esta hoja es, 21
Modificación del valor original de 1845034188 a 18.45034188
Modificación del valor original de 1129219252 a 11.29219252
Modificación del valor original de 1060332628 a 10.60332628
Modificación del valor original de 976475550 a 9.7647555
Modificación del valor original de 954782262 a 9.54782262
Modificación del valor original de 924300000 a 9.243
Modificación del valor original de 921600000 a 9.216
Modificación del valor original de 920665658 a 9.20665658
Modificación del valor original de 914700000 a 9.147
Modificación del valor original de 892194397 a 8.92194397
Modificación del valor original de 890065018 a 8.90065018
Modificación del valor original de 876700000 a 8.767
Modificación del valor original de 872646000 a 8.72646
Modificación del valor original de 871368364 a 8.71368364
Modificación del valor original de 864625978 a 8.64625978
Modificación del valor original de 850000000 a 8,5
Modificación del valor original de 821708551 a 8.21708551
Modificación del valor original de 817000000 a 8.17
```

Modificación del valor original de 792900000 a 7.929

Modificación del valor original de 789804554 a 7.89804554

Proceso terminado con el código de salida 0

En el guión anterior, hemos hecho algunos cambios para lograr nuestros objetivos. En la línea 10, hemos calculado una versión modificada de la variable – tenga en cuenta que el nombre de las variables son descriptivos. Luego agregamos un mensaje de impresión para que podamos monitorear el progreso en nuestra consola en la línea 11. Después, en la línea 12, creamos una nueva variable para establecer las nuevas coordenadas, llamada 'CorrectedGrossCell' - tenga en cuenta que solo la fila ha cambiado. Por último, guardamos la nueva información en la variable utilizando el método de valor (CorrectedGrossCell.value). Ahora que se han realizado todos los cambios que queremos, terminamos el programa justo después de guardar. Para ello, necesitamos usar el método 'workbook.save() al agregar el nombre del archivo entre comillas junto con la extensión de archivo dentro del paréntesis

(ejemplo: 'workbook.save('newMovies.xlsx').

Adición de gráficos

Para poder añadir el gráfico, s tendremos que añadir un par de módulos del paquete openpyxl. Usaremos el mismo ejemplo para este próximo ejercicio, con algunas adiciones a él. Nos gustaría utilizar nuestros datos recién creados para rellenar los valores de nuestro gráfico de barras.

1. **import** openpyxl as xl - Esto importa el módulo openpyxl y añade un alias de xl.

177

2. **de** openpyxl.chart **importar** BarChart, Referencia - Importación de los gráficos de barras y referencias desde el módulo.

3.

4. workBook á xl.load_workbook('movies.xlsx') ? Cargar el archivo de Excel

5. hoja de trabajo['Sheet1'] - Carga de la hoja específica. Si no identifica la hoja, se producirá un error.

6. celda á hoja['B2'] - Acceso a una determinada celda. Una vez más, distingue mayúsculas de minúsculas.

7. celda: sheet.cell(2, 2) - Esto le dará exactamente el mismo valor que la línea 5.

8. **imprimir**(f'el número de filas en esta hoja es, .hoja.max_row ')? .

9. **para** fila **en** rango(2, sheet.max_row + 1): ? Bucle de todas las filas de la hoja ignorando la primera.

10. celda: sheet.cell(row, 3) - Esto guardará la información de la celda en una variable y cambiará con cada bucle.

11. corregidoGross - cell.value / 100000000

12. **print**(f'Modificación del valor original de "cell.value' a '") - Imprimir el valor de cada celda.

13. CorrectedGrossCell á sheet.cell(row, 4) - La ubicación de las nuevas coordenadas en la cuarta fila.

14. CorrectedGrossCell.value á correctedGross

15.

16. • Creación de un gráfico de barras para los datos modificados

17. barValues - Referencia (hoja, #Referencing nuestro rango de datos en la hoja de Excel y guardarlo en una variable.

18. min_row 2,

19. max_row-sheet.max_row,

20. min_col 4,

21. max_col 4

22.)

23. Gráfico: BarChart() - Creación de una instancia de gráfico de barras dentro de una variable.

24. chart.add_data(barValues) - Adición de los valores en los datos del gráfico.

25. sheet.add_chart(gráfico, 'E2')

26. **imprimir (f'Creación de gráfico de**barras para las filas de la hoja.max_row -1')

27. • Guardar la salida en una nueva hoja de Excel

28. workBook.save('NewMovies.xlsx') - Guardar los datos en un nuevo archivo.

Salida del programa:

C:'Usuarios'...'PycharmProjects'GettingStarted'venv'Scripts'Python.exe
C:/Users/.../PycharmProjects/GettingStarted/MyFirstProgram.py
El número de filas en esta hoja es, 21
Modificación del valor original de 1845034188 a 18.45034188
Modificación del valor original de 1129219252 a 11.29219252
Modificación del valor original de 1060332628 a 10.60332628
Modificación del valor original de 976475550 a 9.7647555
Modificación del valor original de 954782262 a 9.54782262
Modificación del valor original de 924300000 a 9.243
Modificación del valor original de 921600000 a 9.216
Modificación del valor original de 920665658 a 9.20665658
Modificación del valor original de 914700000 a 9.147
Modificación del valor original de 892194397 a 8.92194397
Modificación del valor original de 890065018 a 8.90065018
Modificación del valor original de 876700000 a 8.767
Modificación del valor original de 872646000 a 8.72646
Modificación del valor original de 871368364 a 8.71368364
Modificación del valor original de 864625978 a 8.64625978
Modificación del valor original de 850000000 a 8,5
Modificación del valor original de 821708551 a 8.21708551
Modificación del valor original de 817000000 a 8.17
Modificación del valor original de 792900000 a 7.929
Modificación del valor original de 789804554 a 7.89804554
Creación de gráfico de barras para 20 filas

Proceso terminado con el código de salida 0

El programa se ejecuta de la misma manera hasta la línea 17 donde comenzamos a crear nuestro gráfico. Lo primero que tenemos que hacer es hacer referencia a nuestra gama de datos. Para ello, utilizamos

180

la función reference() en la que podemos establecer ciertos parámetros; la fila inicial como el 'min_row', la última fila como max_row con un valor de 'sheet.max_row' (lo usamos de todos modos ya que ya lo hemos calculado), la columna inicial como 'min_col' y la columna final como 'max_col'.

En la línea 23, se crea una instancia de gráfico de barras utilizando la clase BarChart() y la guardamos en una variable. A continuación, procedemos en la siguiente línea guardando los datos a los que se hace referencia en la línea 17 en la instancia real del gráfico de barras. Continuamos colocando el gráfico de barras en la hoja mientras determinamos dónde se debe colocar la posición superior izquierda respectivamente, utilizando el método 'sheet.add()'. El último cambio que hemos realizado en este script es imprimir un mensaje indicando que se está creando el gráfico de barras.

Manipulación de hojas

Puede crear y eliminar hojas mediante el uso de los métodos 'create' y 'remove' que vienen como parte del paquete openpyxl. En el próximo ejemplo, tenemos un archivo de Excel con información sobre películas. Antes de empezar a crear y eliminar hojas, deberíamos ser capaces de acceder a los nombres de las hojas. Vamos a utilizar dos métodos diferentes para imprimir nuestros nombres de hoja. Uno de ellos es simplemente agregar la información de la lista a una variable usando el método 'sheetnames' en la línea 9. El otro es imprimir cada nombre de hoja individualmente utilizando un bucle. Este es un método similar al utilizado en el módulo CSV.

1. **importación** os - Esto importará el módulo os para poder navegar a través de los archivos de su Computadora.

2. **importar** openpyxl como xl - Esto importará el módulo openpyxl para usar con Excel.

3.

4. thePath os.getcwd() - Método de saber cuál es su directorio raíz y guardarlo en una variable.

5. **imprimir**(thePath) - Imprimir el directorio raíz exacto

6. wb xl.load_workbook("movies.xlsx") , cargar el libro deexcel.

7.

8. • Imprimir los nombres de la hoja de trabajo por separado utilizando un 'for loop'.

9. **imprimir**(wb.sheetnames) - Imprimir todas sus hojas en un libro de trabajo

10. **para** ws **en** wb:

11. **impresión**(ws.title)

Salida del programa:

```
C:'Usuarios'...'PycharmProjects'GettingStarted'venv'Scripts'Python.exe
C:/Users/.../PycharmProjects/GettingStarted/MyFirstProgram.py
['Grossing', 'Aventura', 'Fantasía']
Recaudación
Aventura
Fantasía


Proceso terminado con el código de salida 0
```

A continuación, vamos a crear un par de hojas para que podamos usarlas para almacenar información en ellas más adelante. También eliminaremos una hoja innecesaria, cambiando el nombre de otra y guardando el libro de excel en el mismo archivo.

1. **importación** os - Esto importará el módulo os para poder navegar a través de los archivos de su ordenador.

2. **importar** openpyxl como xl - Esto importará el módulo openpyxl para usar con Excel.

3.

4. • Cargando libro de trabajo,.

5. thePath os.getcwd() - Método de saber cuál es su directorio raíz y guardarlo en una variable.

6. **imprimir**(thePath) - Imprimir el directorio raíz exacto

7. wb xl.load_workbook("movies.xlsx") , cargar el libro deexcel.

8.

9. • Imprimir nombres de hojas de cálculo antes de los cambios.

10. sheetNames ?wb.sheetnames ? Uso del método sheetnames.

11. **imprimir**(f'Las hojas originales eran: 'sheetNames") - Impresión de nombres de hojas antes de los cambios.

12.

13. • Creación de nuevas hojas.

14. wb.create_sheet('Horror') - Esto creará la hoja después del último índice.

15. wb.create_sheet(index-1,title-'Comedia') - Crear hoja con (esto se mostrará como la segunda hoja).

16.

17. hojas de #Removing

18. wb.remove(wb['Adventure']) ? Especificando qué hoja eliminar.

19.

20. • Cambiar el nombre de la hoja de trabajo.

21. sheet2 á wb['Gross']

22. sheet2.title á 'Grossing'

23.

24. • Imprimir los nombres de la hoja de trabajo por separado utilizando un 'for loop'.

25. **impresión**(f'Las hojas actualizadas son:')

26. **para** ws **en** wb:

27. **impresión**(ws.title)

28.

29. • Guardar cambios en el libro de trabajo

30. wb.save("movies.xlsx") - Guardar los cambios en el mismo archivo. Para guardar en un archivo, especifique un nombre diferente.

31. **print**('>>>Changes saved successfully') ? Mensaje deconfirmación para el usuario.

Salida del programa:

```
C:'Usuarios'...'PycharmProjects'GettingStarted'venv'Scripts'Python.exe
C:/Users/.../PycharmProjects/GettingStarted/MyFirstProgram.py
Las hojas originales eran: ['Gross', 'Adventure', 'Fantasy']
Las hojas actualizadas son:
Recaudación
Comedia
Fantasía
Horror
>>>Cambios guardados correctamente

Proceso terminado con el código de salida 0
```

Después de cargar la hoja, imprimimos los nombres de hoja actuales en la línea 11. El siguiente fragmento de código de la línea 13 crea hojas utilizando dos métodos diferentes, ya sea agregándolo al final de la cola o especificando dónde colocarlo entre las hojas. En la línea 17, eliminamos una de las hojas, 'Aventuras', utilizando la nueva instrucción. Existe una instrucción antigua para eliminar las hojas. Sin embargo, será descontinuado en futuras versiones - se adhieren a este. Cambiar el nombre de las hojas es bastante simple, como se muestra en las líneas 21 y 22. Sólo recuerde no utilizar ningún carácter especial que no se le permitiría en Excel. A continuación, el programa procede a imprimir los cambios en la consola y a guardar el archivo.

Capítulo 16

Uso de Archivos PDF y Documentos de Word

Estos dos formatos de archivo no son sus archivos de texto sin formato tradicionales. Incluyen características como el formato de colores, fuentes, posicionamiento, e incluso la capacidad de convertirlos en un formulario interactivo. Sin embargo, todavía son archivos binarios, y con el uso de un par de módulos, podemos manipular mediante programación estos archivos.

Documentos PDF

En el mundo empresarial, los documentos PDF son la forma estándar de representar la salida final de un documento. La idea es negar a los lectores la capacidad de realizar cambios en el archivo, lo que podría alterar su significado. Obviamente, hay muchos programas que le permiten alterar archivos PDF, y Python tiene algunos trucos bajo la manga. Vamos a utilizar un módulo llamado PyPDF2.

Para instalar el módulo, haga clic en la pestaña del terminal que se encuentra en la ventana de herramientas de ejecución en la parte inferior. Tendremos que escribir un comando para descargar e instalar el módulo 'pip install PyPDF2'. Es un archivo relativamente pequeño y debería tomar unos segundos. Una vez que se le solicite el mensaje de éxito, vuelva a la pestaña de ejecución.

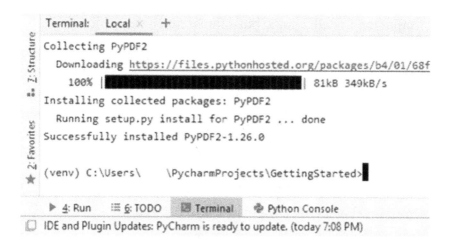

Uno de los principales problemas con los archivos PDF es que no son fáciles de tratar cuando se trata de convertir el contenido en texto. No nos malinterpretes, son el formato de salida cada vez que necesite imprimir un archivo. Sin embargo, no es nuestro mejor amigo en este momento. Dicho esto, puede haber casos en los que el módulo no pueda abrir un determinado archivo, y por desgracia, no hay mucho que podamos hacer en ese sentido. A pesar de todo, este módulo en particular ha sido capaz de abrir todos los archivos PDF que hemos utilizado hasta ahora, y usted no debe estar demasiado preocupado.

Extraer texto de archivos PDF

El módulo que estamos utilizando no tiene la capacidad de extraer gráficos o imágenes. Se ocupa estrictamente del texto e inserta el como una cadena de Python.

Extraer texto de un PDF es un paseo por el parque. Abrimos el objeto PDF como lo hemos hecho antes y luego pasamos el texto a una variable, que luego podemos usar. Este es un ejemplo.

1. **importar** PyPDF2 como pdf - Importación del módulo PDF.

2. pdfFile á open('Manuscript.pdf', 'rb') - Almacenamiento del PDF en un objeto en modo'leer binario'.

3. pdfReader a pdf. PdfFileReader(pdfFile): almacena el total de páginas en una variable.

4. **imprimir**(f'este PDF tiene páginas de .pdfReader.numPages.') Muestra el número de páginas dentro del PDF.

5.

6. pageText á pdfReader.getPage(0) - obteniendo el texto de la primera página solamente.

7. **print**(pageText.extractText()) - Imprimir el texto en la consola.

Salida del programa:

```
C:'Usuarios'...'PycharmProjects'GettingStarted'venv'Scripts'Python.exe
C:/Users/.../PycharmProjects/GettingStarted/MyFirstProgram.py
Este PDF tiene 3 páginas.
El guión incomprensible
```

Cuando todavía era un estudiante en el quinto grado, uno de nuestros maestros tuvo una discusión que marcó mi futuro. Este manuscrito era una hermosa obra de arte con textos indescifrables que nadie en el mundo era capaz de entender. Tenía dibujos de caída de mandíbula y escritura ordenada con una fuente encantadora. Mi primera reacción fue, ¡esto es espectacular! Entonces pasó a lo que se trata? Donde nuestro profesor dijo que nadie lo sabe. En este punto.

Proceso terminado con el código de salida 0

Es importante tener en cuenta que los archivos PDF son impredecibles. En muchos casos, puede encontrar saltos de línea y espacios en lugares inesperados. Esto se puede resolver mediante programación, pero también puede afectar al texto si se pretenden ciertos saltos y espacios.

Creación de archivos PDF

A diferencia de otros módulos que hemos utilizado, sólo tiene un pequeño conjunto de opciones que puede utilizar con el módulo. Las principales cosas que se pueden lograr son copiar, rotar y superponer páginas, así como cifrar y descifrar archivos PDF. Otra limitación es que no le permite editar archivos PDF; sólo le permite copiar información y crear un nuevo archivo.

Copiar páginas

Una gran función para la que puede utilizar Python es combinar información de archivos PDF en un solo archivo. Por ejemplo, tu jefe te pide que combines todas las actas de una reunión para todo el mes. Hacerlo manualmente puede ser increíblemente tedioso. Por suerte, podemos hacerlo con unas pocas líneas de código.

1. **importar** PyPDF2 como pdf - Importación del módulo PDF.

2.

3. • Abrir objetos de archivo

4. pdfFile1 á open('Manuscript.pdf', 'rb') - Apertura del primer documento pdf.

5. pdfFile2 á open('AdamsN.pdf', 'rb') - Abrir el primer documentopdf.

6.

7. • Definición de variables de lector.

8. pdf1Reader a pdf. PdfFileReader(pdfFile1) - Primer lector de PDF.

9. pdf2Reader a pdf. PdfFileReader(pdfFile2) - Segundo lector de PDF.

10.

11. • Configuración del escritor PDF.

12. pdfWriter a pdf. PdfFileWriter()

13.

14. • Crear un bucle para copiar todo el texto del primer PDF.

15. **para** pageNum **in** range(pdf1Reader.numPages):

16. pageText á pdf1Reader.getPage(pageNum)

17. pdfWriter.addPage(pageText)

18. **impresión**(f'Copiar el primer PDF...')

19.

20. • Crear un bucle para copiar todo el texto del segundo PDF.

21. **para** pageNum **in** range(pdf2Reader.numPages):

22. pageText á pdf2Reader.getPage(pageNum)

23. pdfWriter.addPage(pageText)

24. **impresión**(f'Copiar segundo PDF...')

25.

26. • Escribir el nuevo archivo PDF.

27. pdfOut á open('combine.pdf', 'wb') - Apertura de un archivo pdf con acceso'escribir binario'.

28. **impresión**(f'Creación de archivos PDF combinados...')

29. pdfWriter.write(pdfOut)

30. pdfOut.close()

31. pdfFile1.close()

32. pdfFile2.close()

Salida del programa:

```
C:'Usuarios'...'PycharmProjects'GettingStarted'venv'Scripts'Python.exe
C:/Users/.../PycharmProjects/GettingStarted/MyFirstProgram.py
Copiando el primer PDF...
Copiando el primer PDF...
Copiando el primer PDF...
Copia de segundo PDF...
Copia de segundo PDF...
Copia de segundo PDF...
Creación de archivos PDF combinados...
```

En el ejemplo anterior, hemos insertado dos archivos PDF en nuestro programa, y hemos incluido todos los objetos para que podamos leer los datos dentro de 'for loops'. Configuramos el escritor de PDF en la línea 12 usando el pdf. Método PdfWriter(). En las líneas 27 y 28, abrimos un PDF vacío para guardar nuestra información. No se preocupe, si no tiene un PDF vacío, este módulo creará uno para usted. Terminamos el programa cerrando todos los archivos PDF que hemos abierto.

Páginas giratorias

Otra característica interesante que podemos usar es la opción de rotar PDfs por incrementos de 90 grados usando los dos métodos incorporados. Podemos usar los métodos rotateClockwise() o rotateCounterClockwise(). Esta es una excelente herramienta cuando necesita rotar todos esos documentos que el escáner de oficina le envió en un documento PDF que necesita ser rotado.

1. **importar** PyPDF2 como pdf - Importación del módulo PDF.

2.

3. • Abrir objetos de archivo

4. pdfArchivo á open('Manuscript.pdf', 'rb')

5. pdfReader .pdf. PdfFileReader(pdfFile)

6.

7. • Insertar la página requerida en una variable.

8. pageRotate á pdfReader.getPage(1)

9.

10. #Rotating página.

11. pageRotate.rotateClockwise(180) #Rotating página en 180 grados.

12. impresión (f'Página girada en el sentido de las agujas del reloj.')

13.

14. • Escribir los resultados en un nuevo archivo.

15. pdfWriter a pdf. PdfFileWriter()

16. pdfWriter.addPage((pageRotate)) #adding la página al nuevo documento.

17.

18. pdfOutput á open('Rotated Page.pdf', 'wb')

19. pdfWriter.write(pdfOutput)

20. imprimir (f'Archivo guardado como página rotada.')

21. pdfOutput.close()

22. pdfFile.close()

Salida del programa:

C:'Usuarios'...'PycharmProjects'GettingStarted'venv'Scripts'Python.exe
C:/Users/.../PycharmProjects/GettingStarted/MyFirstProgram.py

Página girada en el sentido de las agujas del reloj.

Archivo guardado como página rotada.

Proceso terminado con el código de salida 0

Superposición de páginas

Superponer páginas las colocará una encima de la otra. Esto se utiliza cuando se necesita agregar un logotipo, marca de agua o un encabezado. Python tiene la capacidad de superponer páginas a varios archivos o determinadas páginas de un archivo.

1. **importar** PyPDF2 como pdf - Importación del módulo PDF.

2.

3. • Abrir objetos de archivo

4. pdfArchivo á open('Manuscript.pdf', 'rb')

5. pdfReader .pdf. PdfFileReader(pdfFile)

6.

7. • Insertar la página requerida en una variable.

8. page1 á pdfReader.getPage(1)

9.

10. pdfWateramarkReader á pdf. PdfFileReader(open('watermark.pdf','rb'))

11.

12. page1.mergePage(pdfWateramarkReader.getPage(0))

13.

14. • Escribir los resultados en un nuevo archivo.

15. pdfWriter a pdf. PdfFileWriter()

16. pdfWriter.addPage(page1)

17.

18. **para** pageNum **in** range(1, pdfReader.numPages):

19. pageFile á pdfReader.getPage(pageNum)

20. pdfWriter.addPage(pageFile)

21. pdfOutput á open('brochure.pdf', 'wb')

22. pdfWriter.write(pdfOutput)

23. pdfOutput.close()

24. pdfFile.close()

El programa comienza importando el módulo pyPDF2 y abriendo un archivo PDF con binario de lectura como argumento en la línea 4. A continuación, el programa extrae la primera página y la coloca en una variable. En la línea 10, la página de marca de agua se abre y se combina con el archivo existente en la línea 12. Finalmente, la marca de agua se escribe en todo el rango deseado utilizando un 'for loop'.

Cifrado de archivos PDF

Cifrar un PDF no significa simplemente que agregará una contraseña al archivo. El proceso de cifrado garantiza cambiar el código binario para que sea ilegible a menos que se introduzca la contraseña correcta. Hay programas que son capaces de descifrar archivos PDF, pero no siempre son exitosos. En este siguiente script, aprenderá a cifrar un archivo.

1. **importar** PyPDF2 como pdf - Importación del módulo PDF.

2.

3. • Abrir objetos de archivo.

4. pdfArchivo á open('AdamsN.pdf', 'rb')

5. pdfReader a pdf. PdfFileReader(pdfFile)

6.

7. • Configuración del escritor PDF.

8. pdfWriter a pdf. PdfFileWriter()

9.

10. • Hacer una copia del PDF.

11. **para** pageNum **en** range(pdfReader.numPages):

12. pdfWriter.addPage(pdfReader.getPage(pageNum))

13.

14. • Cifrar el archivo PDF.

15. pdfWriter.encrypt('contraseña')

16.

17. • Guardar el archivo PDF.

18. pdfOutput á open('encryptedPDF.pdf', 'wb')

19. pdfWriter.write(pdfOutput)

20. pdfOutput.close()

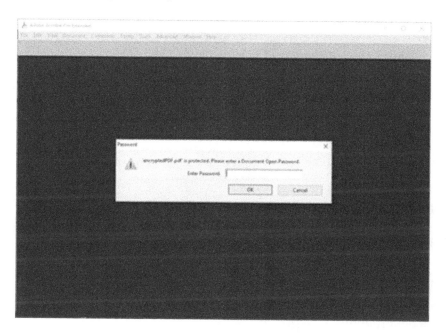

Descifrar archivos PDF

Algunos archivos PDF en los que puede trabajar pueden estar cifrados. Si tiene la contraseña, puede acceder a los archivos normalmente a través del módulo.

1. **importar** PyPDF2 como pdf - Importación del módulo PDF.

2.

3. • Abrir objetos de archivo.

4. pdfReader a pdf. PdfFileReader(open('encryptedPDF.pdf', 'rb'))

5.

6. • Verificar que el archivo está cifrado.

7. **imprimir**(pdfReader.isEncrypted)

8.

9. • Descifrar el archivo.

10. pdfReader.decrypt('contraseña')

11. #Reading e impresión del PDF

12. archivo pageFile á pdfReader.getPage(0)

13. **print**(pageFile.extractText())

Salida del programa:

```
C:'Usuarios'...'PycharmProjects'GettingStarted'venv'Scripts'Python.exe
C:/Users/.../PycharmProjects/GettingStarted/MyFirstProgram.py
Verdad
Este es el documento confidencial que está protegido por contraseña.

Proceso terminado con el código de salida 0
```

Este programa se establece en cuatro etapas principales: Abrir el archivo, verificar que está cifrado, descifrar el archivo y acceder a la información dentro de él. Si intenta abrir el archivo sin descifrarlo, Python producirá un error que indica que no puede leerlo. Mientras tanto, si intenta descifrar un archivo que no está cifrado, Python producirá un error también. Esto sucede porque los protocolos de acceso son diferentes, por lo que es importante comprobar el estado de un archivo antes de intentar acceder a él.

Conclusión

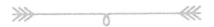

Como principiante a la programación, queremos felicitarte por seguir los primeros pasos de este maravilloso viaje. Ahora, con los pies más allá del umbral, te invitamos a echar un vistazo al mundo más allá y realmente dejar que tu imaginación se vuelva loca. No hay límite en lo que puedes hacer una vez que te has decidido.

En este libro, se le han dado los conceptos básicos de la programación con Python. Ha sufrido a través de una multitud de errores de sintaxis, excepciones y posibles bloqueos del sistema. Y ahora tus ojos se han abierto al mundo de la programación. Entonces, ¿adónde vas desde aquí?

La respuesta es simple: Ve a donde te lleve el viento.

En este punto, usted debe saber lo que quiere hacer con sus habilidades de programación recién adquiridas. Como el mago que eres ahora, tienes que forjar tu propio camino y decidir cómo utilizar mejor tu magia. Por ejemplo, la mayoría del trabajo de los autores de Python implica el uso de interfaces de programa de aplicación (API). Esto significa que la necesidad de recopilar y procesar datos es interminable.

Cuando se trata de ti mismo, no hay nada que se pueda ofrecer mejor que información sobre lo que hay que explorar. Hay muchas disciplinas que necesitan sus habilidades de programación. Estos pocos pueden ayudarle a elegir hacia dónde debe ir.

Los científicos de datos necesitan desarrolladores de Python, ya que es una herramienta extremadamente buena que ofrece muchos módulos para resolver muchas limitaciones que se encuentran en otros lenguajes. Sin embargo, lo más importante es lo bien que se paga a los desarrolladores de Python.

El aprendizaje automático se practica mejor en Python, aunque hay otros lenguajes de programación que tienen bibliotecas para admitirlo. Ninguno se acerca a Python, sin embargo. Está siendo utilizado por corporaciones como Google, junto con miles de programadores de todo el mundo.

El desarrollo web con Python y Django hace que sea muy fácil crear aplicaciones web. Si tu pasión está ahí, puedes hacer en pocos minutos lo que tomaría a otros desarrolladores hacer en horas.

Sea cual sea su elección, dondequiera que el viaje lo lleve desde aquí, solo sepa que está listo para asumir todos los desafíos que pueda enfrentar. Realmente creemos que usted está armado con algunas de las mejores balas informativas que podemos darle, y suficientes consejos y trucos para empezar en este mundo de códigos. Al igual que con todo lo demás en la vida, ver esto como una aventura, y no tenga miedo de aventurarse y explorar nuevos territorios. Todavía hay mucho más que Python puede ofrecer, y para el programador en ti en busca de técnicas y consejos más avanzados, el mundo es tu ostra.

Así que ve, Joven Programador, y muéstrale al mundo lo que puedes hacer!